Berliner Sagen

Berliner Sagen

Nacherzählt und kommentiert von Inge Kiessig
Illustriert von Hanshermann Schlicker

Berlin-Information

ISBN 3-7442-0024-8

1. Auflage 1988
Berlin-Information

Neustädtische Kirchstraße 3

Berlin, 1080-DDR

Redaktion: Renate Andriczka

Gestaltung: Helga Settlaczek

AG 748/15/88

Bestell-Nr.: 801 074 2

00980

Berliner Sagen

haben etwas Gemeinsames: von wenigen Ausnahmen abgesehen, sind es historische Sagen. Irgendwann in der Geschichte unserer Stadt geschah etwas, das die Menschen, die es miterlebten, so beeindruckte, daß sie es nicht der Vergessenheit anheimfallen lassen wollten. Das einfache Volk konnte nicht lesen und schreiben, und wenn unsere Vorfahren ein Ereignis ihren Nachkommen übermitteln wollten, dann gab es nur eine Möglichkeit, sie mußten es im Gedächtnis bewahren und weitererzählen. Nun weiß ein jeder, daß das Weitererzählen so seine Tücken hat. Manch einer hat ein schwaches Gedächtnis und vergißt einiges, und wieder ein anderer hat eine überquellende Phantasie und dichtet etwas hinzu. Und so haben sich diese Geschichten, die nach Feierabend auf der Hausbank, in der Spinnstube oder auch im Wirtshaus erzählt wurden, im Laufe der Jahrhunderte verändert. Manchmal macht es Mühe, den historischen Kern, den eigentlichen Anlaß der Geschichten herauszufinden, ein andermal wird das Geschehen sehr ausführlich geschildert, und die Sagen klingen wie Berichte aus einer alten Chronik. Forscht man nach der Quelle, welche sie uns überliefert hat, so stellt sich heraus, daß sie sehr früh aufgeschrieben wurden. Schon im 16. Jahrhundert haben schreibgewandte Bürger Berlins und Spandaus — sie waren als Schuldirektoren tätig —, wie Haftitz, Leuthinger und Angelus, diese Sagen in ihre Annalen, Chroniken oder «Beschreibungen von Merkwürdigkeiten» aufgenommen. Der Großteil der Sagen ist erst sehr viel später, in der ersten Hälfte des 19. Jahrhunderts, aufgezeichnet worden. Um die Sammlung und Bewahrung der Sagen Berlins und der Mark Brandenburg haben sich vor allem Adalbert Kuhn und sein Schwager Wilhelm Schwartz verdient gemacht. Adalbert Kuhn, 1812 in Königsberg in der Mark geboren, studierte Germanistik, veröffentlichte zahlreiche Arbeiten über Sprach- und Volkskunde und wurde Mitglied der Akademie der Wissenschaften. Bis wenige Wochen vor seinem Tode 1881 war er Direktor des Köllnischen Gymnasiums. Durch die «Deutschen Sagen» der Brüder Grimm angeregt, unternahm er in den Jahren des Vormärz zusammen mit seinem Schwager Wanderungen und Fahrten kreuz und quer durch die Mark Brandenburg und ließ sich von den älteren Leuten erzählen, was ihnen ihre Väter und Mütter überliefert hatten. Beide waren überrascht, welch ein Schatz an Volkspoesie sich ihnen da erschloß.

In den Berliner Sagen sind Menschen für das Böse verantwortlich, das in ihnen geschieht, und es wird höchst selten irgendwelchen übernatürlichen Mächten zugeschrieben.

Das läßt Schlüsse auf die Berliner Mentalität zu. Anscheinend waren die

Berliner schon von jeher sehr realitätsverbunden. Auf den beiden Spreeinseln saß ein politisch waches, ein unruhiges und aufmüpfiges Volk, das den Regierenden das Leben keinesfalls leicht machte. Diesem Willen zum Sich-nicht-knechtenlassen, zum Aufruhr, haben es die Berliner zu verdanken, daß sie Residenz wurden. Nach dem sogenannten Berliner Unwillen im Jahre 1448, der aber ein handfester Aufstand war, fand es Friedrich Eisenzahn, der zweite Hohenzoller, angebracht, diese so gern rebellierende Stadt besser unter Kontrolle zu halten, und er verlegte die brandenburgische Hauptstadt von Tangermünde nach Berlin-Cölln. Begeistert waren die Berliner nicht, daß der verhaßte Monarch nun in ihrer Stadt saß wie die Laus im Pelz. In Cölln hatte er seine Burg bauen lassen, mehr eine Festung, ein Zwing-Cölln. Aber letztlich war die Doppelstadt damit dem Schicksal entgangen, wie die anderen märkischen Städte in Bedeutungslosigkeit zurückzusinken, denn die Hohenzollern brachen die Macht der Städte, indem sie ihnen alte Gerechtsame wegnahmen oder den Fernhandel behinderten.

Berlin liegt an der Spree, und so lassen wir uns zunächst einmal von einer sorbischen Sage erzählen, warum die Spree Spree heißt.

Die Sage vom Riesen Spreijnik

In alten, alten Zeiten, als es noch Riesen auf der Erde gab, lebte einmal am Fuße der Lausitzer Berge ein Riese, der hieß Spreijnik. Er war sehr groß und sehr stark und hatte vor nichts Angst. Felsbrocken warf er wie Steine in die Luft, und die Wipfel der stärksten Bäume konnte er zur Erde biegen. Er war gut und friedlich, und die Menschen, die damals in der Lausitz lebten, fühlten sich sicher unter seinem Schutz.

Eines Tages gingen sie zu ihm und sagten: «Lieber Spreijnik, du kannst nicht überall zugleich sein, und das Land ist groß. Bau uns doch Burgen, in die wir uns flüchten können, wenn Feinde kommen, und schaffe dir Pfeil und Bogen an, denn mit den Pfeilen könntest du von einem Ende des Landes bis an das andere schießen.»

Der Riese fand das vernünftig und baute zunächst vier Burgen. Die erste und größte nannte er Budissin, und so ist Bautzen entstanden. Dann schnitzte er sich Pfeil und Bogen. Und um die neue Waffe auszuprobieren, schoß er die Pfeile ins Lausitzer Bergland. Diese fuhren mit solcher Wucht in das Erdreich, daß sie dort steckenblieben. Die Menschen, die die Geschosse wieder holen wollten, konnten diese nicht herausziehen und mußten sie ausgraben. Aus den Löchern, in denen die Pfeile gesteckt hatten, sprudelten Quellen, die wurden zu einem Fluß, den die Menschen zu Ehren des Riesen Spreijnik Spree nannten.

Früher mußten die Menschen ihre Phantasie spielen lassen und sich etwas ausdenken, wenn sie unendlich weit zurückliegende Zeiten schildern wollten, und so belebten sie diese mit Fabelgestalten, während wir heute durch Bodenfunde und Ausgrabungen über die Besiedlungsgeschichte des Berliner Raums unterrichtet sind.

In Berlin gibt es den «Rixdorfer Horizont»; eine Kiesschicht in 13 Meter Tiefe, in der Überreste menschlicher Spuren gefunden wurden, die sich vor sechzigtausend und fünfzigtausend Jahren dort abgelagert hatten. Es sind Knochenteile und bearbeitete Knochen, die das Eis wahrscheinlich mit sich geführt oder vor sich hergeschoben hatte. Vom 9. Jahrtausend ist bekannt, daß im Raum Berlin Rentierjäger lebten, denn im Tegeler Fließ ließ sich die vierzehnmalige Nutzung eines Lagerplatzes nachweisen. Als in der mittleren Steinzeit sich die klimatischen Bedingungen veränderten und es wieder wärmer wurde, zogen die Rentierherden in kältere Gegenden und die Jäger mit ihnen. Die Menschen, die etwa 8 000 bis 3 000 vor unserer Zeitrechnung hier lebten, hatten sich Behausungen aus Schilf ge-

baut und feste Siedlungen errichtet. Grabungen in Schmöckwitz haben die Reste der ältesten Berliner zu Tage gefördert.
Aus der Jungsteinzeit (um 3000 – 1800 v.u.Z.) und der Bronzezeit (1800-700 v.u.Z.) mehren sich die Funde: eine Hirschgeweihmaske in Biesdorf, in Britz rechteckige Häuser aus Flechtwerk mit Lehmbewurf, Urnenfelder bei Rahnsdorf, Schmuck und Grabbeigaben in Spindlersfeld.
Knochenfunde in Berlin und Umgebung waren auch schon in früheren Zeiten keine Seltenheit, aber man wußte sie nicht zu deuten, und so entstanden Sagen.

Das Haus am Molkenmarkt Nr. 13 — im zweiten Weltkrieg wurde es zerstört — war in ganz Berlin bekannt durch sein Wahrzeichen. An der Mauer befestigt waren zwei mächtige Knochen, wie der Volksmund meinte, Schulterblatt und Rippe eines Riesen.

Die Rippe

Vor langen, langen Zeiten lebten Riesen in der Mark Brandenburg. Doch die Menschen wurden immer zahlreicher. Sie bebauten das Land und gründeten Städte, unter anderen Berlin und Cölln. Den Riesen wurde es ungemütlich, und sie wanderten in einsame Gegenden aus. Zuletzt lebte nur noch ein einziger junger Riese in einer Höhle in den Müggelbergen. Er fühlte sich sehr allein und hätte gerne geheiratet, aber weit und breit war kein Riesenmädchen mehr zu finden. Da dachte er denn in seinem Sinn: «Die Größe macht es nicht!» und raubte kurzerhand eine junge Berlinerin. Die war natürlich gar nicht begeistert, mit dem Riesen in einer Höhle zu hausen. Außerdem war sie mit einem Schmiedegesellen verlobt. Aber eine Berlinerin weiß sich in allen Lebenslagen zu behaupten — heute wie früher —, und so redete sie dem Riesen ein, sie wäre glücklich, seine Frau zu werden. Der dumme Riese glaubte das und vertraute ihr bald voll und ganz. Sie aber hatte es fertiggebracht, mit ihrem Bräutigam in Verbindung zu bleiben, und wie eines Tages der Riese mit dem Kopf in ihrem Schoß tief und fest schlief, gab sie ein Zeichen. Der Schmiedegeselle und seine Kameraden zogen mit Hämmern und Eisenstangen bewaffnet in die Müggelberge und schlugen vereint den schlafenden Riesen tot.
Seitdem gibt es keine Riesen mehr in unserer Gegend. Und zum Zeichen, daß die Geschichte der Wahrheit entsprach, hingen am Haus Molkenmarkt Nr. 13 Schulterblatt und Rippe des toten Riesen.

Die Sage von der Rippe wurde zum erstenmal 1831 gedruckt mitgeteilt in «Sagen und Miscellen aus Berlins Vorzeit» von Alexander Cosmar, einem Sammler Berliner Volkssagen. Die Sage selbst ist aber sehr viel älter. Schon 1727 schrieb der Pfarrer der Heilig-Geist-Kapelle, Jakob Schmidt, in seinen «Berlinischen Denk- und Merkwürdigkeiten»: «An einer Ecke des Molkenmarktes und der Bollengasse ist zu sehen ein Schulterblatt und eine Ribbe, weder dieses noch jenes ist vom Riesen wie vorgegeben, vielweniger von einem Wallfisch, sondern vom Holtze, und ist das Zeichen eines Wirtshauses, so es vordem gewesen und ‚In der Ribbe' genannt.»
Mit dem Wirtshaus hatte der Pfarrer recht, aber nicht, wenn er annahm, das Wirtshauszeichen sei aus Holz. In dem Haus wohnte Ende des 17. Jahrhunderts ein Schneidermeister, und weil sein Handwerk anscheinend nicht genug Verdienst abwarf, kam er bei dem Rat der Stadt um die Genehmigung ein, zusätzlich einen Bierausschank betreiben zu dürfen. Solch ein Nebenverdienst war nichts Außergewöhnliches. Der Rat schien mit der Vergabe dieser Lizenzen nicht kleinlich gewesen zu sein. Selbst Pfarrersfrauen besserten ihre Finanzen durch das Betreiben einer Bierschenke auf. So die Frau des Predigers Peter Stuler von der Petrikirche zu Cölln, die mit aufreizenden Reden und dem großzügig spendierten guten Bernauer Bier daran schuld gewesen sein soll, daß es 1615 in der Karwoche zu Krawallen zwischen Lutheranern und Reformierten gekommen

war. Was auf den ersten Blick nach religiösen Streitigkeiten aussieht, war in Wahrheit ein Aufstand der Berliner Bürger gegen die Machtpolitik des Kurfürsten, der das sauer erarbeitete Geld des Landes für den Erwerb neuer Gebiete wie Kleve, Mark und Jülich ausgab.
Das Haus am Molkenmarkt 13 wurde zerstört, doch sein Wahrzeichen, die Rippe, ist erhalten geblieben und kann im Märkischen Museum besichtigt werden. Es sind Schulterblatt und Zahn — nicht Rippe! — eines Urwals aus einer Zwischeneiszeit. Doch wir brauchen nicht unbedingt ins Museum zu gehen, denn das Gasthaus «Zur Rippe» ist an der Ecke Poststraße im neuerbauten Nikolaiviertel wiedererstanden. Es ist leicht zu finden, denn schon von weitem sichtbar lockt uns wie in früheren Zeiten eine Nachahmung des knöchernen Wirtshauszeichens in eine gemütliche Bierstube.
Auch heute noch werden «Gerippe gefunden» — wie Pfarrer Schmidt sich ausdrückte —, seit die archäologische Forschung 1957 im alten Stadtgebiet von Berlin und Cölln wieder aufgenommen wurde. Gerade die jüngsten Ausgrabungen unter der wiederaufgebauten Nikolaikirche trugen wesentlich dazu bei, das Wissen über die Anfänge der Städtegründung auf den beiden Spreeinseln zu erweitern.
Bei dem Aufbau der großen Neubaugebiete Berlins in Marzahn und Hellersdorf stießen Bauarbeiter auf Überreste slawischer und germanischer Besiedlung. Brunnen, Häuser, Ackerbau- und Haushaltsgeräte, Eßgefäße und Waffen wurden freigelegt.
Etwa von der Zeitenwende bis zum Jahre 400 siedelten Germanenstämme im Berliner Raum, Semnonen, die zu den Sueben gehörten. Die Völkerwanderung führte sie von hier nach Westen, und slawische Stämme, die Sorben und Wilzen, kamen in das fast menschenleere Land und wurden seßhaft. So blieb es bis etwa zum 12. Jahrhundert, in dessen 2. Hälfte die Besiedlung der beiden Spreeinseln durch deutsche Kaufleute und Handwerker begann.
Die Sage weiß dazu folgendes zu berichten:

Albrecht der Bär gründet Berlin

Albrecht der Bär, der Askanierfürst, führte Krieg gegen die Slawen, um ihre Gebiete dem mittelalterlichen deutschen Staat einzuverleiben. Eines Tages machte er Jagd auf Wasservögel in der Gegend von Berlin, das es damals noch gar nicht gab. Er verirrte sich im Sumpfwald, verlor sein Gefolge, und als es dunkel wurde, hatte er die Orientierung noch immer nicht wiedergewonnen. Da schimmerte ein Lichtschein durch die Bäume.

Albrecht ritt darauf zu und kam an die Burg eines Wendenfürsten. Dieser Fürst, Istralowe geheißen, war nun eigentlich sein Feind und hätte Albrecht dementsprechend behandeln können. Aber der Slawe hielt das Gastrecht heilig. Er bot dem Erschöpften ein Nachtlager, Essen und Trinken an und setzte sich sogar zu ihm an den Tisch. Die ganze Nacht diskutierten die beiden über Gott und die Welt, Religion und Politik, und gegen Morgen hatte es Albrecht geschafft: Er hatte Istralowe überredet, seinem Gott Triglaw, dem Dreiköpfigen, abzuschwören, ein Christ und der Gefolgsmann Albrechts zu werden. Bisher hatte der Askanier nur wenig slawisches Gebiet erobern können. Nun war ihm ein Fürstentum durch Reden zugefallen. Albrecht wußte sich vor Freude nicht zu lassen und beschloß, in der Gegend, in der ihm dieser Erfolg beschieden war, eine Stadt zu gründen. Das tat er dann auf der größeren der beiden Spreeinseln, die aus dem Sumpfgelände ragten. Und da er den Beinamen «Der Bär» führte, nannte er die Neugründung Bärlin.

Albrecht der Bär hat Berlin nicht gegründet. Die Schwesterstädte Berlin und Cölln entstanden wahrscheinlich um 1180. Kaufleute und Handwerker siedelten sich auf den beiden Spreeinseln an, weil sich hier die Handelswege von Süd nach Nord und Ost nach West kreuzten. Wo heute die Mühlendammbrücke steht, war damals die Spree so seicht, daß die Kaufmannszüge mit Pferd und Wagen den Fluß durchqueren konnten. Der Name Berlin hat nichts mit einem Bären zu tun. Die auf der größeren der beiden Spreeinseln entstehende Ansiedlung hatte vermutlich den Flurnamen Berlin übernommen, was im Slawischen soviel wie Sumpf, Morast, feuchtes Gelände bedeutet. Dafür spricht auch, daß der Ortsname über mehrere Jahrhunderte mit einem Artikel verwendet wurde: «tu dem Berlin» 1349, «den gemeinen Bürgern zum Berlin» 1363, «Den Rat von dem Berline» 1402, und noch 1652 ist in einer Urkunde «Zum Berlin» zu lesen. Aber man kann auch annehmen, daß Berlin von den deutschen Siedlern bald in «Bärlein», kleiner Bär, eingedeutscht wurde. 1280 nahm sich die Stadt den Bären ins Wappen, wahrscheinlich der Lautgleichheit wegen zwischen Bär und Berlin, und vor allem wohl, weil die Berliner Ratsherren Wert darauf legten, daß sich ihr Stadtsiegel von dem der Schwesterstadt unterschied. Ursprünglich war das Wappentier beider Städte der rote brandenburgische Adler, ein Zeichen dafür, daß sie das Stadtrecht von der sehr viel älteren Stadt Brandenburg übernommen hatten.
In dem Namen Istralowe ist der Ortsname Stralau (Stralow) verborgen. Und in diesem Punkt hat die Sage recht. In Stralau stand einmal eine slawische Burg. Sie war die westlichste Befestigung des Fürstentums der

Spreewanen mit der Hauptstadt Copnik (Köpenick). Noch um die Jahrhundertwende konnte man die Grundmauern dieser Burg auf dem Krachtswerder bei Stralau besichtigen, bis dann der Werder samt Burgresten bei einer der vielen Spreebegradigungen hinweggebaggert wurde.
An das Gebiet der Spreewanen stieß im Westen das der Heveller mit seiner östlichsten Befestigung, der Burg von Spandau und der Hauptstadt Brennabor, dem späteren Brandenburg. Im Jahre 1150 war der Fürst Pribislaw von Brennabor gestorben. Er hatte den christlichen Glauben und den Namen Heinrich angenommen und eine Askanierin geheiratet. Da die Ehe kinderlos geblieben war, übergab seine Witwe Petrissa ihrem Neffen Albrecht das Fürstentum.
Nicht lange konnte dieser sich der Herrschaft ungestört erfreuen. Pribislaw hatte einen Verwandten, Jaxa von Köpenick, einen Lehnsmann des polnischen Fürstengeschlechts der Piasten, der nicht damit einverstanden war, daß slawisches Gebiet den Deutschen zufiel. Er erklärte Albrecht den Krieg und eroberte 1157 Brandenburg. Albrecht gelang es, mit Unterstützung des Bischofs Wichmann von Magdeburg, seine Hauptstadt zurückzuerobern, und um seinen Machtanspruch zu unterstreichen, nannte er sich von da an Markgraf von Brandenburg.
Dem Sagensammler Adalbert Kuhn gegenüber, der um 1840 durch die Mark Brandenburg zog und seine Aufzeichnungen machte, legten die Bewohner von Pichelsdorf an der Havel einen gewissen Stolz an den Tag. Sie behaupteten, ihr Dorf sei das älteste in der ganzen Gegend, und versicherten, es sei bereits in jenen Zeiten vorhanden gewesen, als die Menschen noch in Erdhöhlen lebten. Beweisen läßt sich beides nicht, weder die Theorie von den Erdhöhlen noch, daß Pichelsdorf die älteste Siedlung ist.
Kaiser Karl IV. hatte in den Jahren 1373 bis 1378 die Mark Brandenburg in eigene Verwaltung genommen, und da er ein sehr genauer Herr war, ließ er die Besitzverhältnisse in allen Dörfern und Flecken aufzeichnen. Das Landbuch Kaiser Karls IV. aus dem Jahre 1375 gibt interessante Aufschlüsse über die Besiedlung der Mark und ihre gesellschaftlichen Zustände. Pychelstorp wird da zum erstenmal erwähnt, während über die Nachbarorte Gatow, Kladow und Staaken schon Urkunden aus dem 13. Jahrhundert vorliegen.

Aber die Pichelsdorfer wußten auch eine Sage zu erzählen. Ganz in der Nähe des Ortes erstreckt sich eine Landzunge in die Havel, die an ihrem äußersten Ende steil ins Wasser abfällt. Bis dahin soll sich Jaxa von Köpenick geflüchtet haben, als er bei Spandau von Albrecht dem Bären vernichtend geschlagen worden war.

Schildhorn

Jaxa von Köpenick hatte die Schlacht gegen die Deutschen verloren und befand sich allein auf der Flucht. Schon glaubte er seinen Verfolgern entkommen zu sein, als er merkte, daß er auf eine Landzunge geraten war. Die Havel hatte sich durch Hochwasser in einen reißenden Strom verwandelt, und ringsum schlugen ihre Wellen ans Ufer. Hinter sich hörte Jaxa bereits die Freudenrufe der Deutschen: «Nun haben wir ihn im Sack!», weshalb die Landzunge auch heute noch «Der Sack» heißt. Ihm blieb keine Wahl. Mit einem Hilferuf an den Gott Triglaw gab er seinem Pferd die Sporen und stürzte sich in den aufgewühlten Fluß. Schwer hatte das Tier gegen die reißenden Wasser zu kämpfen, und es sah aus, als ob seine Kräfte am Erliegen seien. Da rief Jaxa den Christengott an und versprach, ihm für immer anzugehören, wenn er ihn aus dieser Not retten würde. Und siehe da, wenige Augenblicke später hatte das Pferd wieder festen Boden unter den Hufen. Jaxa hatte eine Ausbuchtung des anderen Ufers erreicht und war seinen Verfolgern entkommen. Voll Dankbarkeit hängte er Schild und Horn an einem Kiefernstamm auf. Seitdem heißt diese Halbinsel Schildhorn, und eine Gedenksäule, die etwa 700 Jahre später aufgestellt wurde, erinnert an die Sage.

Ob sich die Geschichte wirklich so zugetragen hat, ist zweifelhaft. In den märkischen Gewässern gibt es viele vorspringende Uferpartien, die die Bezeichnung Horn tragen: Richtershorn, Rupenhorn, Heckeshorn und andere mehr.

Albrecht der Bär ist eine beliebte Sagen- und Märchengestalt, zahlreich sind die Geschichten, die man von ihm erzählt.

Der Blutfleck an der Burg von Salzwedel

Albrecht der Bär war bemüht, recht viel slawisches Gebiet dem Heiligen Römischen Reich einzuverleiben. Die Slawen aber waren ein tapferes Volk und hatten in ihren Fürsten erfahrene Heerführer, und so leisteten sie hartnäckigen Widerstand. Als Albrecht merkte, daß er mit kriegerischen Mitteln nicht zum Ziel kommen würde, sann er auf eine List. Er lud vierzig Wendenfürsten zu Waffenstillstandsverhandlungen auf seine Burg zu Salzwedel, und die kamen auch, auf sein gegebenes Wort und die Heiligkeit der Gastfreundschaft vertrauend. Zuerst einmal wurde ein Gastmahl ausgerichtet, und als alle beim Schmausen und Trinken waren und an nichts Böses dachten, stürzten auf einen Wink Albrechts seine Mannen in den Saal und machten die unbewaffneten Slawenfürsten nieder. In Strömen floß das Blut über den Steinfußboden bis an die Wand des Saales, durchdrang das dicke Mauerwerk und färbte es an dieser Stelle tiefrot. Jahrhunderte hindurch blieb der Blutfleck als Zeichen dieses schändlichen Verrats an der Mauer der Burg haften.

Längst ist die Burg von Salzwedel zu einer Ruine zerfallen, nur ein Turm blieb erhalten. Und wer heutzutage nach Salzwedel fährt, kann sich nicht mehr davon überzeugen, ob das Blut der alten Slawenfürsten noch an den Mauern klebt.
Ganz sicher war es auch nicht Blut, das den roten Fleck verursacht hatte. Rote Flecke im Mauerwerk oder auf Lebensmitteln traten früher gar nicht so selten auf. Sie wurden von Spaltpilzen gebildet, die unter Zutritt von Luft roten Farbstoff erzeugen und in Schleimtröpfchen absondern. In jenen Zeiten konnte das aber niemand wissen, und so erfand der Aberglaube der Leute die merkwürdigsten Geschichten dazu.
Die geschilderte grauenhafte Bluttat hatte nicht Albrecht der Bär begangen, sondern einer seiner Vorgänger, Markgraf Gero. Dieser hatte im Jahre 937 dieses hinterhältige Verbrechen ersonnen und durchführen lassen. Er lud nicht vierzig, sondern «nur» dreißig slawische Fürsten nach Gernrode im Harz zu einem Gastmahl und ließ sie ermorden. Die Burg von Salzwedel konnte er nicht zum Zeugen dieses Verbrechens machen, denn sie war damals noch gar nicht erbaut. Sie wird um 1100 zum ersten Mal urkundlich erwähnt und kam 1134 in den Besitz Al-

brechts, der im Kampf gegen die Slawen genauso skrupellos, aber erfolgreicher als Gero war, und deshalb dichtete das Volk ihm dieses Verbrechen an.
Die Geschichte über den Blutfleck an der Burg von Salzwedel ist ein besonders interessantes Beispiel einer historischen Sage. Zeit, Ort und geschichtliche Persönlichkeit stimmen nicht, doch das Ereignis, von dem berichtet wird, Wortbruch und Mord, das hat es gegeben.
Im Gewirr der Kämpfe zwischen Slawen und Deutschen entstand in dem Sumpfgebiet zwischen Spandau und Köpenick auf den beiden Spreeinseln die Siedlung Berlin-Cölln. Zuerst war sie wohl mehr ein Provisorium, das Schutz vor Überfällen bot. Die erste Kirche, die errichtet wurde, die Nikolaikirche, war eine Wehrkirche. Mitte des 13. Jahrhunderts waren die beiden Orte schon zu beachtlichen Handelsstädten geworden, deren Bedeutung nicht übersehen werden konnte. So wurden sie früh von den Askanierfürsten privilegiert, und eine Stadtrechtverleihung um 1230 ist wahrscheinlich. Die erste erhalten gebliebene Urkunde, in der Berlin erwähnt wird, stammt aus dem Jahre 1237, und genaugenommen war es gar nicht Berlin, sondern die Schwesterstadt Cölln, deren Propst auch das Dokument unterzeichnet hat. Der Name Berlin erscheint erst 1244 in einer Urkunde.

Eine der ältesten Straßen von Berlin-Cölln ist die Brüderstraße.

Wie die Brüderstraße zu ihrem Namen kam

In dieser Straße, als sie noch keinen Namen hatte, wohnten einmal vier Brüder. Die hatten es sich geschworen, daß sie unverheiratet bleiben wollten, denn von den Frauen käme doch nur Unruhe ins Leben. So lebten sie wirklich eine Weile ruhig und friedlich zusammen in ihrem Haus. Doch dann geschah es, daß sie sich verliebten, und zwar alle vier in dasselbe Mädchen, ohne daß einer vom anderen etwas wußte. Das Mädchen achtete nun sorgfältig darauf, daß das so blieb, und als es meinte, die Zeit sei reif, bat es jeden der Brüder zu einem Stelldichein zur selben Zeit und an den selben Ort. Die Sage erzählt, das Mädchen sei vom Teufel besessen gewesen, und der habe sich im Stillen die Hände gerieben und gehofft, die Brüder würden aufeinander eifersüchtig werden, sich entzweien und streiten, ja, vielleicht sogar totschlagen.

Er sollte sich jedoch verrechnet haben. Als die Brüder begriffen, wie das Mädchen sie an der Nase herumgeführt hatte, fiel ihnen ihr Versprechen, niemals zu heiraten, wieder ein. Sie bereuten sehr, es vergessen zu haben, reichten sich die Hände und verpflichteten sich aufs neue zur Ehelosigkeit. Da sie nun aus eigener Erfahrung wußten, wie schwer es ist, seinen Vorsätzen treu zu bleiben, und sie wohl befürchteten, wieder einmal in Versuchung zu geraten, legten sie schwarze Kutten an, wurden Mönche und gründeten ein Kloster am Ende ihrer Straße. Und so soll das Dominikanerkloster entstanden und die Brüderstraße zu ihrem Namen gekommen sein.

In Wirklichkeit ist die Gründung des Klosters auf weniger spektakuläre Weise vor sich gegangen. 1297 wurde es von den Askanierfürsten gestiftet. In der Klosterkirche in Röbel/Mecklenburg befindet sich ein Chorgestühl, das diese Tatsache belegt.
1536 wurde das Kloster zum Domstift erhoben, und die Mönche mußten nach Brandenburg umsiedeln. Ihre Zeit war sowieso vorüber, denn 1539 nahm Kurfürst Joachim II. mit all seinen Untertanen den evangelischen Glauben an. Anfang des 18. Jahrhunderts wurde erst das Klostergebäude und dann 1747 auch die Kirche abgebrochen, weil Friedrich II. den Vorläufer des heutigen Domes bauen ließ.
Nichts erinnert mehr an die Zeiten, in denen von den Türmen der Dominikanerkirche das berühmte Glockengeläut über die Dächer von Cölln und Berlin tönte.

Wenn man heute auf dem Marx-Engels-Platz steht, fällt es schwer, sich vorzustellen, wie es hier im 13. und 14. Jahrhundert ausgesehen haben mag.
Ein öder Platz breitete sich aus, auf dem die Bürger Berlins oder Cöllns, denn wir stehen auf Cöllner Boden, ihre Händel miteinander ausfochten. Deshalb machte auch ein Badstubenbesitzer, der sich am Spreeufer niedergelassen hatte, gute Geschäfte. Man brauchte nicht weit zu gehen, um sich zu säubern oder seine Wunden verbinden zu lassen. Am Rande des Platzes, etwa da, wo sich heute das Staatsratsgebäude befindet, zwischen Brüder- und Breiter Straße, stand das Dominikanerkloster mit der Dominikanerkirche. Dicht an der Kirche hatte man Buden aufgeschlagen, in denen Rosenkränze, geweihte Kerzen, Kruzifixe, Heiligenbildchen und ähnliches angeboten wurden. Die Händler hatten wohl die Befürchtung, der Weg zur Innenstadt könnte die Kauflust der Gläubigen vermindern, die durch den Kirchgang geweckt worden war. Die Klostermauer schloß sich an die Stadtbefestigung an und zog sich in einem weiten Halbkreis bis zur Brüderstraße.

Die zweitälteste Kirche Berlins ist die Marienkirche, und viele Sagen ranken sich um das alte Gemäuer. Über das Steinkreuz, das links neben dem Hauptportal steht, wissen die Berliner folgendes zu erzählen:

Das Steinkreuz an der Marienkirche

An einem Markttag war viel Volk in Berlin zusammengekommen, auch um die Messe in der Marienkirche zu hören. Auf der Kanzel stand der Propst Niklaus von Bernau und beschimpfte die Berliner Bürger, weil sie der Geistlichkeit zu wenig Spenden zukommen ließen, und forderte erhöhte Abgaben für Kirchen und Klöster. Es war für die in der Marienkirche Versammelten keine Freude, seinen Ausführungen zuzuhören. Aber man war ja im Gottesdienst und mußte sich ruhig verhalten. Zähneknirschend, aber äußerlich ruhig, hörten sich die Berliner diese Suada an. Als das Hochamt zu Ende war, ging ein Großteil der Männer nicht nach Hause, sondern blieb auf dem Platz vor der Kirche, dem Neuen Markt, stehen, um das eben Gehörte zu besprechen. Der Propst von Bernau beging nun einen entscheidenden Fehler. Anstatt sich zur Hintertür aus der Kirche fortzustehlen und schleunigst nach Bernau zu fahren, schritt er mitten durch die erregte Menschenmenge vor dem Hauptportal.

Man rief ihn an, sagte ihm böse Wahrheiten ins Gesicht, rüttelte ihn am Ärmel seiner Soutane, begann, auf ihn einzuschlagen, und plötzlich hatte man den Propst von Bernau erschlagen, ohne daß jemand hätte sagen können, wie das geschehen war und wer es eigentlich getan hatte. Die erbitterten Berliner trugen Holz zusammen und errichteten einen Scheiterhaufen, auf dem sie die Leiche des Propstes verbrannten. Dafür wurde über die Stadt der päpstliche Bann verhängt, und nur durch große Geldsummen und die Errichtung eines Sühnekreuzes konnte sich die Stadt davon lösen.

In Wirklichkeit waren es politische Auseinandersetzungen, die den Propst von Bernau das Leben kosteten. Anfang des 14. Jahrhunderts saß Johannes XXII. auf dem päpstlichen Stuhl. Die Streitigkeiten zwischen Ludwig dem Bayern und Friedrich dem Schönen von Österreich um die deutsche Königskrone hatte er ausgenutzt, um seinen Einfluß auf die Politik weiter auszudehnen. Er erklärte rundheraus, die Wahl eines deutschen Königs wäre erst dann gültig, wenn er, der Papst, seine Zustimmung erteilt hätte. Mit diesem Eingriff in althergebrachte Rechte waren weder die Fürsten noch die Bürger der Städte einverstanden. Da der Papst seine Interessen bei dem Hause Österreich besser aufgehoben glaubte, sprach er Ludwig die Königswürde ab und verhängte über ihn und alle seine Anhänger Bann und Interdikt. Doch er sah sich in seinen Erwartungen getäuscht. Selbst ein Teil der deutschen Geistlichkeit, die Bischöfe, die die Kurwürde innehatten, und vor allem der Franziskanerorden hielten zu Ludwig. Und es half wenig, daß der Papst durch die römische Kurie einen regelrechten Prozeß gegen Ludwig durchführen ließ. Das Volk sehnte sich nach Frieden. Das mußten die Abgesandten und Parteigänger des Heiligen Vaters erfahren. In vielen Städten Deutschlands wurden sie mißhandelt und verjagt. In Berlin und Basel nahm im Jahre 1324 der Aufruhr solche Formen an, daß die empörte Menge die Sachwalter des Papstes — und dazu gehörte der Propst von Bernau — totschlug.

Der Bann, der diesem Totschlag folgte, traf die Berliner Bürger nicht unerwartet. Sie wären ihm als Anhänger Ludwigs sowieso ausgesetzt gewesen. Doch für die Menschen der damaligen Zeit, deren Leben und Alltag von religiösen Vorstellungen bestimmt wurde, war das schon eine schlimme Sache. Es durften kein Gottesdienst, keine Kindtaufen, Eheschließungen und christlichen Begräbnisse mehr durchgeführt werden. Außerdem war der Bann auch geschäftsschädigend. Es gab Kaufleute, die die verfemte Stadt mieden, in der man, falls einem ein Unfall zustoßen sollte, noch nicht einmal anständig unter die Erde kam.

Die Auswirkungen des Bannes waren in Berlin dadurch etwas gemildert, daß die Franziskaner weiter ihres kirchlichen Amtes walteten, denn sie standen ja in Opposition zum Papst. Über zwanzig Jahre dauerte dieser Zustand. Schließlich zahlten die Berliner Stadtväter eine große Summe an den päpstlichen Stuhl, um die Aufhebung des Bannes zu erreichen. Der Propstei von Bernau mußte jährlich ein Sühnepfennig gezahlt werden, das heißt, das war gleichfalls eine stattliche Summe und hieß nur so. Der Marienkirche mußte der Rat von Berlin einen neuen Altar stiften und auf dem Neuen Markt, an der Stelle, an der man den Propst verbrannt hatte, ein Sühnekreuz errichten.

Das war ein Holzkreuz auf hohem Sockel. Tag und Nacht flackerte in einer schmiedeeisernen Vorrichtung die Ewige Lampe. Bei einem der Stadtbrände wurde es vernichtet und durch ein Steinkreuz ersetzt. Später, in protestantischen Zeiten, dachte man nicht mehr an die alten Geschehnisse. Auf dem Platz vor der Kirche wurde Markttag abgehalten, das Kreuz störte, und man beschloß, es zu versetzen. Bei dem Transport brach der Sockel entzwei, und so erhielt das Steinkreuz mit dem Rest des Sockels seinen Platz neben dem Hauptportal der Marienkirche, und da steht es noch heute und erinnert an den Konflikt zwischen Klerus und Bürgerschaft.

Daß die Berliner Bürger im Mittelalter keine allzu große Liebe für die Geistlichkeit an den Tag legten, kann man im alten Berliner Stadtbuch nachlesen. Da steht: «Pfaffen und Laien werden leider selten gute Freunde, das kommt von der Pfaffen Gierigkeit und Unkeuschheit. Denn wenn die Unkeuschheit sie auch verlässet, haben sie doch alle noch Gierigkeit in sich. Und den Gierigen hasset man sehr.»

Mit Gierigkeit ist hier Habgier gemeint. Die geistlichen Herren waren anscheinend sehr hinter dem Geld her und auf Spenden und Zuwendungen bedacht. Mit der Unkeuschheit scheint es oft genug Probleme gegeben zu haben, denn das Stadtbuch legt an anderer Stelle fest: «Wenn jemand einen Pfaffen bei seinem Weib in einer einhelligen Situation überrascht, der darf ihn verwunden oder auch totschlagen, ohne daß er darum gebannt werden darf. Das gilt auch, wenn ein Pfaffe bei der Mutter, Tochter oder Schwester betroffen wird.»

Also ist der Totschlag an dem Propst von Bernau 1324, abgesehen von dem aktuell-politischen Anlaß, wahrscheinlich auch ein Abreagieren allgemeiner Erbitterung gegenüber der Geistlichkeit gewesen. Und späterhin werden die Berliner, wenn sie über den Neuen Markt gingen, das Sühnekreuz mit einem bösen Blick bedacht haben.

Die Jahrhunderte gingen ins Land, die Leute hatten andere Sorgen, und kaum jemand gedachte noch der alten Zeiten. Ja, die Geschichte von dem Totschlag an dem Propst von Bernau geriet in Vergessenheit. Doch wie das so geht bei der Entstehung von Sagen, das Steinkreuz mit dem abgebrochenen Sockel stand da und war recht auffällig, und da man seine Geschichte nicht mehr kannte, erfand man sich eine. Und nun erzählten die Großmütter ihren Enkeln vor dem Schlafengehen eine andere Geschichte.

Der fliegende Chorschüler

Es waren einmal drei Chorschüler, die kamen, wie das bei Jungen öfter der Fall ist, auf dumme Gedanken und beschlossen, auf den Turm der Marienkirche zu steigen, um Dohlennester auszunehmen. Sie legten ein Brett durch eine Luke, zwei setzten sich drinnen auf das Brett, und der dritte kletterte nach draußen und sammelte Dohleneier in ein Körbchen. Die beiden Knaben auf dem Brett besprachen sich, wie man die Beute teilen würde. «Na, das ist doch klar!», rief der draußen, «ich die Hälfte und ihr die Hälfte.» «Nein!», protestierten die drinnen, «gerecht muß geteilt werden! Jeder von uns ein Drittel!» «Das ist nicht gerecht, ich habe hier draußen die gefährliche Arbeit, und ihr sitzt ruhig und ungefährdet im Turm.» «Wenn wir nicht hier säßen, würdest du runterfallen», erwiderten die zwei, «wir brauchen bloß aufzustehen.» «Das traut ihr euch nicht!» «Na, irr' dich mal nicht!» «Ihr traut euch nicht!» Schließlich

ließen die beiden sich das nicht noch einmal sagen und sprangen wütend auf. Das Brett kippte, und der Junge draußen stürzte ab. Er hatte aber sein Chorhemd an, und unter dieses weite Gewand fuhr der Wind und blähte es auf. Es wirkte wie ein Fallschirm, und ruhig und sicher, das Körbchen fest an sich gepreßt, landete der Chorschüler unten vor der Tür der Marienkirche. So sanft setzte er auf den Boden auf, daß noch nicht einmal eines der Eier zerbrach. An der Stelle, an der er so glücklich und unversehrt wieder den Erdboden berührt hatte, ließen die dankbaren Eltern ein Steinkreuz setzen.

Diese Geschichte ist nun pure Erfindung. Auch den Berliner Kindern, die auf den Stufen der Marienkirche spielten, ließ das Steinkreuz keine Ruhe. Vor allem grübelten sie über die Bedeutung der Bohrungen im Steinkreuz. Niemand sagte ihnen, daß in diesen fünf Löchern einmal die Halterung für die Ewige Lampe befestigt war. Aber zu irgendwas mußten die Löcher doch gut sein! So kam die Legende auf, wenn es einem gelänge, alle fünf Finger gleichzeitig in die Bohrungen zu stecken, dann würde sich die Marienkirche um sich selbst drehen. Bis jetzt hat das noch niemand geschafft.

Es war eine schlimme Zeit für die Mark Brandenburg und Berlin, in der der Mord an dem Propst von Bernau geschah. 1319 war Waldemar, der letzte Askanierfürst, gestorben, ohne einen Sohn zu hinterlassen. Zwar trat ein Verwandter das Erbe an, Heinrich das Kind, aber auch der war ein Jahr später tot. Kaiser Ludwig der Bayer verlieh daraufhin die Mark als erledigtes Reichslehen seinem Sohn Ludwig, der nicht allzuoft im Lande nach dem Rechten sah und sich mehr um Wittelsbacher Angelegenheiten kümmerte. So fiel es den benachbarten Fürsten von Sachsen, Mecklenburg, Braunschweig, Pommern und Meissen — nicht zu vergessen den Erzbischof von Magdeburg und dem Bischof von Halberstadt — nicht schwer, sich Landesteile, die an ihr Gebiet grenzten, einfach anzueignen. Raubritter machten die Landstraßen unsicher. Sicherheit gab es nur noch hinter den Mauern der Städte, die sich in dieser Zeit zum mittelmärkischen Städtebund zusammenschlossen. Handel und Wandel stockten. Und es nimmt nicht wunder, daß ein Mann leichtes Spiel hatte, der die Erinnerung an die «guten alten Zeiten», als die Askanier noch das Land regierten, wiederaufleben ließ.

Der Falsche Waldemar

Jakob Rehbock war ein Müllergeselle aus der Ragöser Mühle bei Chorin. Er war viel im Lande herumgekommen, und eine Zeitlang hatte er sogar als Leibknappe beim Markgrafen Waldemar gedient, so daß er mit dessen Gewohnheiten gut bekannt war. Lange Jahre nach dessen Tod ließ sich Jakob beim Erzbischof von Magdeburg melden, zeigte Waldemars Siegelring vor und erklärte, er sei der angeblich Verstorbene. Er habe seinen Tod nur vorgetäuscht und eine Pilgerfahrt ins Heilige Land unternommen. Nun sei er wieder da und wolle sein Land regieren. Der Erzbischof schenkte ihm Glauben und unterstützte ihn mit Wort und Tat. Die Städte der Mark Brandenburg öffneten dem Müllerburschen ihre Tore und huldigten ihm. Nur Spandau, Frankfurt/Oder und Brietzen standen in unerschütterlicher Treue zu dem Bayernfürsten, dem die Mark nach Waldemars Tod gehörte. Seitdem hat sich Brietzen den Ehrennamen Treuenbrietzen zugelegt. Warum Frankfurt/Oder und Spandau auf dieses Attribut verzichteten, ist nicht bekannt. Es heißt aber, die soviel größere und berühmtere Stadt Frankfurt/Main hätte gegen den ehrenvollen Beinamen der Oderstadt protestiert. So zog der Falsche Waldemar von Stadt zu Stadt, aber schließlich stellte es sich heraus, daß er ein Betrüger war. Da war es dann mit der Herrlichkeit zu Ende, und die Tore der Städte, durch die er in Glanz und Ehren gezogen war, wurden zugemauert, weil kein ehrbarer Mensch mehr hindurchgehen oder -fahren wollte.

In vielen alten Städten der Mark Brandenburg findet sich neben dem offenen Stadttor ein vermauertes. Seltsam ist, daß das offene Stadttor nur durch eine Abzweigung der Straße zu erreichen ist, während der gerade Weg zu dem vermauerten führt. Der Volksmund nennt sie «Waldemartore», doch es steht fest, daß sie erst in einem späteren Jahrhundert zugemauert wurden.

Nicht bekannt ist, ob es ein Müllerbursche aus Ragös war, der im Triumph durch die Tore der märkischen Städte gezogen ist. Doch wer es auch war, er hat seine Rolle in der hohen Politik recht gut gespielt. Und wie in der «Magdeburger Schöppenchronik» nachzulesen ist, war es tatsächlich Erzbischof Otto, der in einem greisen Pilger nach neunundzwanzig Jahren seinen ehemaligen Freund, den Markgrafen Waldemar, wiedererkannt haben wollte. Eifrig unterstützt von den Grafen von Anhalt-Dessau und dem Herzog Rudolf von Sachsen, verkündete er es aller Welt. Der Kaiser selbst, Karl IV., der Luxemburger, gewährte dem Falschen Waldemar

seine Hilfe, allerdings nur so lange, bis die politische Lage sich änderte. Die deutschen Fürsten hatten einen Gegenkaiser, Günther von Schwarzburg, aufgestellt. Schnell sagte sich Karl IV. von Waldemar los, belehnte Ludwig von Bayern erneut mit der Mark und erkaufte sich damit dessen Stimme. Und hatte der Kaiser bis zu diesem Tage Waldemar als echten Sproß des askanischen Fürstenhauses begrüßt, nannte er ihn nun schlichtweg einen Betrüger.

In der armen Mark Brandenburg tobte der Bürgerkrieg, denn so leicht ließ sich Waldemar nicht vertreiben. Auch Berlin-Cölln hatte zu leiden. Es stand auf Seiten Waldemars und hatte ihn freudig als den echten Herrn anerkannt, nachdem er den Schwesterstädten alle nur erdenklichen Freiheiten und Gerechtsame zugesichert hatte. Nun wurden ihre Mauern von dem mit Ludwig verbündeten Dänenkönig bestürmt. Es gelang ihm aber nicht, die feste Stadt zu erobern. Sie hielt sich so lange, bis der Herzog von Mecklenburg, ein Bundesgenosse Waldemars, zum Entsatz herbeigeeilt war und die Dänen vertrieb. Schließlich aber mußte der Falsche Waldemar aufgeben. Er zog sich zu seinen angeblichen Verwandten nach Dessau zurück und hielt dort prächtig Hof bis an sein Ende. 1357 wurde er mit allem Pomp in der Fürstengruft zu Dessau beigesetzt.

Die Dessauer Fürstengruft wurde im zweiten Weltkrieg zerstört. Auch die Choriner ist nicht mehr erhalten. Ihre Zerstörung geht zu Lasten der Gleichgültigkeit späterer Geschlechter, die das herrliche Kloster zur Ruine werden ließen. Einem großen Baumeister ist es zu danken, daß uns nicht nur Trümmer und ein paar Grundmauern übrig geblieben sind. Kein Geringerer als Karl Friedrich Schinkel sorgte dafür, daß 1818 der weiteren Zerstörung Einhalt geboten wurde. Nach Gründung der DDR begannen umfangreiche Baumaßnahmen, um das Bauwerk vor dem weiteren Verfall zu bewahren. Der «Choriner Musiksommer», der seit 1964 alljährlich stattfindet, hat internationalen Ruf.

Es gibt aber noch eine andere Sage um den Falschen Waldemar.

Die Markgrafensteine zu Pieske

Als der Müllergeselle Jakob Rehbock aus der Ragöser Mühle sich aufmachte, um als Markgraf Waldemar die Mark Brandenburg in Besitz zu nehmen, ließ er seine alte Mutter bei seiner Liebsten in dem ärmseligen kleinen Dörfchen Pieske zurück. Aber auf die Dauer hatte er kein Glück. Als seine Herrschaft vorüber war und man ihn aus dem Lande vertrieben hatte, starben die beiden vor Kummer. Die Kirche verweigerte ihnen ein Grab auf dem Friedhof, und so wurden sie unter den großen Steinblöcken in den Rauenschen Bergen verscharrt. Seitdem werden die Granitblöcke «Die Markgrafensteine» genannt, und das Dorf nahebei heißt Markgrafenpieske.

Von dem größeren der beiden granitenen Findlingsblöcke in den Rauenschen Bergen sind nur Felsbrocken zurückgeblieben. Dieser Stein wurde nach Berlin geschafft, und Christian Gottlieb Cantian fertigte daraus eine Granitschale. «Suppenschüssel» nannten sie die respektlosen Berliner. Trotzdem war ihre Aufstellung im Lustgarten das größte Ereignis des Jahres 1831. Nach den Vorstellungen Karl Friedrich Schinkels sollte die Schale in der Rotunde des Alten Museums ihren Platz finden, sie erwies sich jedoch für dieses Vorhaben als zu sperrig. Nicht ganz am alten Standort, aber doch in dessen Nähe, vor dem Alten Museum, ist sie heute zu bewundern — und wer will, kann dabei der Zeiten des Falschen Waldemars gedenken.

Auch nachdem die Fehde um den Falschen Waldemar beendet war und den Wittelsbachern wieder ungeschmälert die Mark Brandenburg gehörte, kam das Land nicht zur Ruhe, von fünf Jahren abgesehen, in denen Karl IV. das Lehen selbst verwaltete. Zu den einträglichen Beschäftigungen der adligen Herren gehörte nach wie vor der Straßenraub, und Kämpfe der

Ritter untereinander waren an der Tagesordnung. Ebenso erfreute es sich großer Beliebtheit, Dörfer des anderen «auszupochen», d.h. die Wehrlosen zu überfallen. Frauen und Mädchen wurden vergewaltigt, die Männer erschlagen, Wertsachen geraubt und das Vieh hinweggetrieben, nachdem man den «Roten Hahn» auf die Dächer gesetzt, also das Dorf in Brand gesteckt hatte.
Am tollsten und skrupellosesten trieben es die Quitzows. Johann und Dietrich von Quitzow waren die Söhne eines einfachen Ritters, Cuno von Quitzow auf Quitzhöfel, der ein Afterlehnsträger der Edlen Gänse von Putlitz war. Im Mecklenburgischen konnten die Brüder ihre Rauflust nicht so recht entfalten, und so zogen sie in die verwahrloste Mark Brandenburg. Es gelang ihnen, in die ältesten, angesehensten und reichsten Familien der Mark einzuheiraten. Dietrich nahm eine Sydow und Johann eine Bredow zur Frau. Bald waren sie die ungekrönten Herrscher des Landes. Vor allem Dietrichs wilde Grausamkeit machte ihn zum gefürchtetsten Mann in Brandenburg. Das Volk traute ihm ohne weiteres einen Brudermord zu.

Der Folterstuhl zu Eldenburg

Das Schloß Eldenburg bei Lenzen war in früheren Zeiten ein gefürchtetes Raubnest. Es war nicht gut, in seine Nähe zu kommen, denn hier hausten die Quitzows. Wenn sie einen reichen Kaufherrn in ihre Gewalt bekommen hatten, so warfen sie ihn in das Burgverließ; und wenn das Lösegeld auf sich warten ließ, brachten sie den Armen in besonderen Verwahrsam. In einem Turm stand ein Marterstuhl, auf den der Gefangene gesetzt wurde. Es war ein eiserner Ring von 30 cm Durchmesser, der sich so hoch über dem Boden befand, daß der Gemarterte höchstens mit den Fußspitzen die Steine des Fußbodens berühren konnte. Um seinen Körper wurde eine schwere Kette gelegt und die Knie mit einer Eisenstange belastet. Die Arme wurden ihm mit Eisenbügeln an der Mauer befestigt, ein eiserner Ring um den Hals gelegt, und so saß der Gequälte nackt und bloß auf dem Stuhl und mußte dort in diesem erbarmungswürdigen Zustand bleiben, bis das Lösegeld eingetroffen war.
Die Fremden, die man dieser Prozedur aussetzte, wurden wenigstens notdürftig ernährt, aber einer der Quitzows hatte den eigenen Bruder, mit dem er im Streite lag, auf diesen Stuhl geschnallt und elend verhungern lassen.

Ein Beweis für diesen Brudermord läßt sich nicht erbringen. Auch gehörten die Eldenburger Quitzows einer anderen Linie an. Doch Quitzowturm samt Marterstuhl sind noch erhalten.

Die Berliner Patrizier versuchten anfangs, im Guten mit den Quitzows auszukommen und hofierten sie nach Kräften. Kam einer der Brüder nach Berlin, so gab ihm der Rat jedesmal im Rathaussaal ein großes Fest. War das Gelage beendet, wurde der Raubritter — die Spielleute vorneweg — mit Fackelträgern zu seinem Quartier geleitet. Eine Ehre, die eigentlich gegen das Stadtgesetz verstieß.

Doch Dietrich von Quitzow fand, daß ihm diese Freundschaft nichts eintrug. Solange er mit den Berlinern in Frieden lebte, mußte er die Kaufmannszüge, die nach der Stadt zogen, ungeschoren lassen. 1406 besetzte er Köpenick, und nun kam es bald zu Grenzstreitigkeiten mit den Berlinern, die von ihm bewußt herbeigeführt wurden. Einmal sollte ein Berliner Fischer sein Netz in Köpenicker Gewässern ausgeworfen haben, ein andermal sollten Feldarbeiter über die Grenzgräben oder auf verbotenen Wegen gegangen sein.

Verbotene Wege, Wege, von denen der Herr eines Gebietes nicht wünschte, daß sie von Fremden benutzt würden, mußten mit einer sogenannten Wiepe gekennzeichnet sein. Das war eine Stange mit einem Strohwisch, die an der Stelle, wo der verbotene Weg abzweigte, aufgepflanzt werden mußte, und zwar deutlich sichtbar in der Mitte des Weges. Quitzow ließ nun durch seine Knechte die Wiepen entfernen, wenn ein Berliner Bürger in den altbekannten Weg einbiegen wollte, und hinter seinem Rücken wieder einrammen. Dann hatte er den «Sünder», der vergebens beteuerte, er habe keine Wiepe gesehen, und warf ihn in den Kerker. Der Rat versuchte, diese Streitfälle mit gütlichen Mitteln zu lösen. Als das nichts nutzte, kam es bald zu blutigen Händeln.

Die Berliner Zunftbürger waren Ackerbürger. Sie betrieben ihr Handwerk und ließen ihre Herden vor den Toren der Stadt weiden. An einem friedlichen Septembertag 1410 fiel Dietrich von Quitzow, ohne vorher Fehde anzusagen, was als äußerst unehrenhaft galt, mit zahlreichen Gewappneten über die Herden her, die die Wiesen am nordwestlichen Spreeufer abgrasten, verjagte oder erschlug die Hirten und trieb die Tiere nach Burg Bötzow, dem heutigen Oranienburg.

In Berlin läuteten die Sturmglocken, und die Bürger sammelten sich zur Verfolgung der Übeltäter. An ihrer Spitze ritt der Patrizier und Ratsherr Niklas Wyns. In der Jungfernheide holte man die Viehräuber ein. Es kam zu einem kurzen, aber heftigen Kampf, in dem die Raubritter siegreich waren. Der Ratsherr Wyns und sechzehn Bürger gerieten in die Hände der Quitzows.

Früher hatte Niklas Wyns oft und ausgiebig mit Dietrich Quitzow getafelt und gezecht, aber das nutzte ihm nichts. Er wurde wie die anderen Bürger mißhandelt und mit eisernen Ketten an Händen und Füßen gefesselt in den Kerker geworfen.

Nun lag Berlin-Cölln in offenem Krieg mit den Quitzows, der mit wechselndem Kriegsglück zwei Jahre dauerte, bis es durch die Vermittlung der Stadt Frankfurt/Oder zu einem Vergleich kam.

Inzwischen hatte Kaiser Sigismund dem Burggrafen von Nürnberg, Friedrich von Hohenzollern, die Statthalterschaft in der Mark übertragen, und der ging mit Unterstützung der Städte energisch gegen die Raubritter vor. Kein einfaches Unternehmen! Die Quitzows besaßen die Burgen oder Städte Plaue, Rathenow, Friesack, Bötzow, Köpenick, Saarmund und beherrschten damit das Havelland, den Barnim und den Teltow. Andere wichtige Burgen waren in der Hand ihrer Freunde, der Rochows und Bredows und der Edlen Gänse zu Putlitz. Sie hätten gern einen der ihren, den Kaspar Gans, zum Markgrafen gehabt, um ihr Unwesen ungestört weiter treiben zu können.

Im Oktober 1412 kam es zur Schlacht auf dem Kremmener Damm. Zwar siegten die Quitzows mit Hilfe der Pommernherzöge, doch die hatten schwere Verluste gehabt und zeigten wenig Neigung, für zweifelhaften Gewinn ihre Haut zu Markte zu tragen. Sie zogen sich zurück. So konnte Friedrich die Hauptburgen der Quitzows und ihrer Anhänger eine nach

der anderen belagern und einnehmen. Die mittelalterlichen Festen waren der neuen Waffe, die der Hohenzoller zum Einsatz brachte, nicht gewachsen.
Das war kein «Nürnberger Tand», wie die Ritter verächtlich meinten. Die Artilleriegeschütze, die Bombarden, durchschlugen mit ihren schweren Steinkugeln das Mauerwerk der Burgen. Voll Begeisterung schmolzen die Berliner die Glocken der Marienkirche zu Kanonen um. Das stärkste dieser Geschütze kam zu legendärem Ruhm. Es hieß die «Faule Grete», weil es so schwer von der Stelle zu bewegen war, und man erzählte sich, nur durch sie sei der Feldzug gewonnen worden.
Die Sage weiß davon zu berichten, daß das Städtchen Zossen bei Berlin eine entscheidende Rolle dabei gespielt hat.

Das Ende der Quitzows

Nachdem die Quitzows eine Zeitlang ungehindert in der Mark Brandenburg geraubt und geplündert hatten, fielen sie in das Zossener Ländchen ein und zogen vor die Stadt. Mit Brandpfeilen schossen sie über die Mauern, so daß einige Häuser Feuer fingen. Doch die Zossener ließen sich nicht entmutigen, sie wehrten sich tapfer. Ja, sie wagten sogar einen Ausfall, und es gelang ihnen, die Angreifer zurückzuschlagen. Johann von Quitzow wurde gefangengenommen und seiner gerechten Strafe zugeführt. Dietrich von Quitzow entkam. Er floh aus der Mark Brandenburg und ist im Elend gestorben.

Das war Wunschdenken des Volkes, das auf die verruchten Raubritter alles nur erdenkbar Böse herabflehte. Der zeitgenössische Chronist Engelbert von Wusterlitz aus Brandenburg berichtete: «Im Jahre 1417 ist Dietrich von Quitzow, so der Mark mancherlei Schaden zugefügt und sie heftig beleidigt hat, in dem der Familie Verltheim zuständigen Schlosse Harpke gestorben.»

Johann von Quitzow brauchte nur zwei Jahre in Gefangenschaft auf dem Schlosse zu Calbe, und nicht etwa in dessen Kerker, zuzubringen. Dann machte er seinen Frieden mit dem Kurfürsten und konnte, neu belehnt mit seinen Gütern, in die Prignitz zurückkehren.

Die Macht der Quitzows wurde zwar gebrochen, das Raubritterunwesen aber hörte nie ganz auf. Zu karg war der Boden der Mark Brandenburg und das Land zu dünn besiedelt, als daß die Feudalherren aus ihren Bauern so viel an Abgaben hätten herauspressen können, um den Aufwand zu ermöglichen, den sie sich wünschten. Um die Einkünfte aufzubessern, legte man sich schnell einmal mit geschwärztem Gesicht oder vorgebundenem Tuch hinter den Strauch. Noch Joachim I. hatte sich Anfang des 16. Jahrhunderts wie sein Urahn Friedrich I. mit den Wegelagerern herumzuschlagen. Kaufleute, die nach Berlin kamen oder Berlin verlassen wollten, bekreuzigten sich vorher vielmals und beteten das «märkische Kaufmannsgebet»:

Vor Köckeritz und Lüderitz
vor Krachten und vor Itzenplitz
behüt' uns lieber Herre Gott!

Die da aufgezählt wurden, das waren die besten märkischen Adelsnamen. Jedermann wußte darüber Bescheid, wie die Herren ihre Vermögenslage aufbesserten, und die Straßenjungen in Berlin sangen: Morden und Stehlen ist keine Schand, es tun es ja die Besten im Land!,

wenn sie so einen Herrn im Gefolge des Kurfürsten neu aufgeputzt und ausstaffiert einherschreiten sahen. Denn selbst die Hofleute scheuten sich nicht, «auf den Stegreif zu reiten», wenn sie Geld brauchten. Joachim I., dem sehr an Handel und Wandel gelegen war, verpfändete sein Wort, er werde ohne Rücksicht auf Rang und Stand jeden hinrichten lassen, der beim Rauben gefaßt würde. Aber das war gerade die Schwierigkeit. Die Herren machten sich natürlich unkenntlich, wenn sie auf Raub ausritten.

Die Geschichte des Herrn von Lindenberg

Ein Berliner Kaufmann war in einer mondhellen Nacht von zwei adligen Herren bei dem Dorfe Elsholz überfallen worden. Die Räuber hatten ihn gebunden und in einen Sumpf geworfen in der sicheren Erwartung, er werde dort umkommen. Mit Beute beladen zogen sie heimwärts, ohne Furcht vor Strafe, denn der Zeuge ihres Verbrechens war tot, wie sie meinten.

Durch einen glücklichen Umstand war der Kaufmann am Leben geblieben. Es gelang ihm, die Stricke abzustreifen. Vorsichtig kroch er aus dem Moor und eilte nach Berlin, um Anklage zu erheben. Denn als einem der Ritter einen Augenblick das Tuch, das er vor dem Gesicht trug, verrutscht war, hatte ihn der Kaufmann im Mondlicht deutlich erkannt. Es war ein Hofmann, den er schon oft im Gefolge des Kurfürsten gesehen hatte. Allerdings kannte er seinen Namen nicht.

Der Kurfürst ließ alle Adligen vor sich kommen; den Kaufmann versteckte man hinter einem Teppich, so daß dieser alle sehen, aber selbst nicht gesehen werden konnte. Wie der Herr von Lindenberg herantrat, ein Höfling, den Joachim vor allen anderen schätzte, sprang der Kaufmann hinter dem Vorhang hervor und rief laut: «Der ist es, der mich beraubt hat und mich ermorden wollte!» Lindenberg erstarrte vor Schreck und leugnete sein Verbrechen nicht. Er war überzeugt, ihm werde schon nichts geschehen. Mit den vornehmsten Adelsgeschlechtern war er verwandt und ein Freund des Kurfürsten. Für ihn stand es fest, daß man ihn nicht wegen eines Kaufmanns, einer Krämerseele, hinrichten lassen würde. Ein Stegreifritt war doch nichts Schlimmes, fast ein Gewohnheitsrecht des Adels. So bot er dem Überfallenen eine reiche Entschädigung an. Doch Lindenberg wurde zum Tode verurteilt, und der Kurfürst bestätigte das Urteil.

Der märkische Adel schickte eine Abordnung zu Joachim, aber der ließ sie vergebens um Gnade bitten. Lindenbergs Kopf fiel unter dem Schwert des Henkers.

Joachim I. erscheint in dieser Geschichte wie ein Engel der Gerechtigkeit. Doch er war — schon seiner Steuereinnahmen wegen — daran interessiert, den Handel zu unterstützen, und er setzte alle Mittel ein, die Macht des Adels im Lande, die seine Macht minderte, zu brechen.

Die Geschichte des Herrn von Otterstedt

Der märkische Adel brütete Rache für den Tod Lindenbergs. So oft hatten sich die Herren noch nie auf ihren Burgen besucht wie in den Wochen und Monaten danach. Meist trafen sie sich in der Nacht, um Beratungen abzuhalten. Dem Kurfürsten war klar, daß da eine Verschwörung vorbereitet wurde, aber er ließ sich nicht beirren. Wo ein Stegreifritter überführt werden konnte, mußte dieser sterben. Die Verschwörer faßten den Plan, den Kurfürsten zu ermorden. Joachim I. war mit 15 Jahren zur Regierung gekommen, sein nächstjüngerer Bruder aber noch ein Kind, für das eine Vormundschaftsregierung hätte eingesetzt werden müssen, mit der man leichtes Spiel gehabt hätte. Das Haupt des Komplotts, ein Herr von Otterstedt, gleichfalls Hofmann, war seiner Sache so sicher, daß er es wagte, Joachim zu verhöhnen, selbst auf die Gefahr hin, ihn damit zu warnen.

Eines Nachts schrieb er an die Tür zu Joachims Schlafkammer im Schloß Köpenick die Worte:

Joachimken, Joachimken, hüte di!
Wo wi di kriegen, da henken wi di!

Joachim I. liebte die Jagd. Es war bekannt, daß er an einem bestimmten Tag in den Wäldern bei Köpenick jagen wollte. Noch vor Tau und Tag sammelten sich Otterstedt und seine Verschworenen auf der Köpenicker Heide und warteten auf den Kurfürsten. Es herrschte aber dichter Nebel, und auch als die Sonne aufging, konnte kaum einer seinen Nebenmann erkennen. So hatte niemand bemerkt, daß ein Bauer unter ihnen war, der sich verirrt und ihre Gespräche mitangehört hatte. Der schlich sich vorsichtig von den Rittern hinweg und rannte, so schnell er konnte, nach Cölln. Am Köpenicker Tor traf er auf den Kurfürsten und sein Gefolge und erzählte, was er erfahren hatte. Joachim sammelte sofort seine Soldaten, ließ sich von dem Bauern zu der Heide führen, und es gelang ihm, die Verschwörer zu umzingeln und gefangenzunehmen.

War Lindenberg enthauptet worden, so wurde Otterstedt gevierteilt, danach sein Kopf vom Rumpf abgetrennt und auf einer Stange am Köpenicker Tor zur Schau gestellt.

Auch die anderen Herren erwartete die Todesstrafe. Sie wurden geköpft. Es waren siebzig Adlige. Seitdem schien der Widerstand des Adels gebrochen.

Wie das Schloß Köpenick ausgesehen hat, in dessen Gemäuer Otterstedt seine Warnung an die Schlafkammertür Joachims geschrieben hatte, ist nicht bekannt. Es war noch die alte Burganlage aus dem 13. Jahrhundert. Erst sein Sohn, Joachim II., ließ sich 1550 ein Jagdschloß im Renaissancestil auf die Köpenicker Insel setzen. Um 1680 mußte es einem Neubau für den Kurprinzen Friedrich weichen.
Der später so festfreudige Friedrich III. (als Friedrich I. seit 1701 König von Preußen) hatte wenig Grund, seinen Einzug ins Schloß zu feiern. Er hatte es vorgezogen, seiner Stiefmutter aus dem Wege zu gehen, die er — nicht ganz unbegründet — in Verdacht hatte, ihm nach dem Leben zu trachten, um ihren Sohn auf den Thron zu bringen. So waren es trübselige Jahre, die Friedrich dort verbrachte. Aber das Wissen um diese Dinge hat wohl nur wenig dazu beigetragen, daß sich die alten Köpenicker erzählten, im Schloß spuke es.

Die unglückliche Prinzessin von Schloß Köpenick

Im Schloß Köpenick wohnte einst eine schöne Prinzessin, die in einen armen Burschen verliebt war. Und weil sie ihn nicht bekommen konnte, stürzte sie sich eines Tages, als sie ihren Kummer nicht länger zu ertragen meinte, von der Schloßbrücke in den Graben. Doch sie fand keine Ruhe im Grabe und spukte des Nachts durch das Schloß. Oft sah man ihren weißen Schleier aus einem der Fenster wehen.

Die unglückliche Prinzessin war nicht die einzige Spukgestalt, die die Köpenicker gesehen haben wollten.

Köpenicker Spukgestalten

An der Wuhlheide, im Sand neben der Pyramidenbrücke, die über die Wuhle führte, hatte ein großer schwarzer Hund sein Lager. Er hieß Morro. Tagsüber schlief er, aber abends und vor allem in der Nacht lief er mit feurigen Augen durch die Straßen der Stadt. Stundenlang saß er oft vor den Häusern gewisser Leute, die selber etwas Unheimliches an sich hatten, und bei denen nicht alles mit rechten Dingen zuging.
Aber nicht nur der Hund machte die Stadt unsicher. Manchmal sah man

zur Nachtzeit einen Reiter ohne Kopf auf einem Schimmel durch die Straßen reiten. Eine Meute von gleichfalls kopflosen Hunden folgte ihm.

Dieser Schimmelreiter gehört zum Sagenkreis um den wilden Jäger, den Woden, der in den rauhen Nächten zur Weihnachtszeit in den Müggelbergen sein Unwesen trieb. Selbst die Berliner wußten davon zu erzählen. An seinem Namen ist unschwer zu erkennen, daß sich hinter der Gestalt der alte heidnisch-germanische Gott Wotan verbirgt. Der wilde Jäger ist keine Berliner oder Köpenicker Eigentümlichkeit. Geschichten über die wilde Jagd und ihren Anführer, der mit laut kläffenden Hunden oder mit den Seelen der Verstorbenen über die Heide rast, wurden überall in ganz Deutschland erzählt. In ihnen hat sich das Volk die sturmdurchtobten Nächte der Mittwinterzeit versinnbildlicht. Es gibt auch eine wilde Frau, die je nach der Gegend, die sie unsicher machte, Frau Holle oder Frau Perschta genannt wurde, und mit einem Wagen durch die Lüfte fuhr. In der Mark Brandenburg hieß sie Frau Gode oder Frau Harke.

In der Umgebung von Köpenick wollte man noch andere unheimliche Gestalten gesehen haben. Die Einwohner von Müggelheim behaupteten, vor allem sei es in den Müggelbergen nicht geheuer.

Der Teufelsaltar in den Müggelbergen

In den Müggelbergen stand einmal ein Teufelsaltar. Das war ein Stein etwa sieben Fuß lang und sechs Fuß breit (2,17 m×1,86 m), und nächtliche Wanderer, die an dieser Stelle vorüberkamen, wurden durch allerlei Spuk geängstigt. Deshalb beschlossen die beherzten Müggelheimer, dem Treiben ein Ende zu machen. Am hellen Tage zogen sie in die Müggelberge, räumten den Stein zur Seite und zerschlugen ihn, um aus den Trümmern die Brunnen ihres Ortes zu bauen. Aber noch lange nachher sah man an der Stelle, wo er gelegen hatte, des Nachts einen Feuerschein oder eine große goldglänzende Kanne. Beide Erscheinungen verschwanden, wenn man sich ihnen näherte.

In den Köpenicker Sagen spielte ein anderer Stein eine große Rolle.

Die Prinzessin in den Müggelbergen

In dem dichten Schilfgürtel am Rande des Teufelssees lag früher ein großer Stein. Man nannte ihn den Prinzessinnenstein, denn er zeigte die Stelle an, an der einmal ein prächtiges Schloß gestanden hatte, das eine Prinzessin bewohnte. Sie wurde verwünscht und ist samt ihrem Palast im Moor versunken. Zuweilen aber kam sie zum Vorschein, manchmal als altes Mütterchen, das gebückt und mühsam am Stock ging, meist aber in ihrer eigentlichen schönen Gestalt. Man konnte sie dann am Ufer des Teufelssees sitzen sehen, wie sie sich in dem dunklen unergründlichen Wasser spiegelte. Einmal erschien die Prinzessin abends einem Wanderer, der durch die Müggelberge zog. Sie trug ein Kästchen von purem Gold in der Hand und erzählte dem Fremdling, er könne den Zauber lösen und einen großen Schatz gewinnen, wenn er sie auf den Rücken nehmen und dreimal um die Köpenicker Kirche tragen würde, ohne sich umzuschauen. Dem Mann erschien das leicht. Er nahm sie Huckepack und schritt fröhlich von dannen. Je näher er aber Köpenick kam, umso schwerer wurde seine Last, so daß er sie zuletzt kaum noch schleppen konnte. Er ließ es sich aber nicht verdrießen und keuchte mit ihr um die Kirche. Da erschienen Schlangen und Kröten und allerhand anderes scheußliches Getier mit feurigen Augen und stellte sich ihm in den Weg. Wurzelmännchen kamen und warfen mit Steinen nach ihm, er aber schritt unverdrossen vorwärts. Schon war er auf dem dritten Umgang, und bald hätte er seine Aufgabe vollbracht, als er einen roten Schein am Himmel erblickte. Er glaubte, in

Köpenick sei eine Feuersbrunst ausgebrochen, vergaß das Gebot und blickte sich um. In diesem Augenblick war alles verschwunden. Ein fürchterlicher Schlag traf den Fremdling, daß er tot neben der Kirche niedersank.
Nicht nur der Wandersmann hatte versucht, die Prinzessin zu erlösen. Im Kietz in Köpenick wohnte einst ein Fischer namens Buke. Der sah oft, wenn er des Mittags seine Netze im Müggelsee auswarf, einen mit vier Pferden bespannten Wagen die Müggelberge herunterfahren. Eines Tages, als die Erscheinung wieder auftauchte, hörte er eine Stimme, die ihm zurief, er solle nachts um zwölf Uhr auf den Kirchhof von Köpenick kommen und warten. Da würde dann die Prinzessin erscheinen, und wenn er sie dreimal um die Kirche herumgetragen habe, dann wäre sie erlöst, und er bekäme den großen Schatz, der unter dem Prinzessinnenstein liege.
Fischer Buke war pünktlich um Mitternacht zur Stelle, ebenso die Prinzessin. Beherzt nahm er sie auf den Rücken und machte sich auf den Rundgang. Er war erst ein paar Schritte gegangen, als ein mächtig großer, schwer beladener Heuwagen an ihm vorüberfuhr, und den zogen vier kleine Mäuslein. Starr vor Staunen folgte er dem Wagen mit den Augen, bis er sich schließlich ganz umsah. Im selben Augenblick bekam er ein paar Maulschellen, und Prinzessin und Wagen waren verschwunden.
Andere aber sagen, er habe gar keinen Spuk gesehen, sondern seine eifersüchtige Frau sei ihm gefolgt und habe ihn angeschrien, worauf er sich umgesehen und von ihr ein paar tüchtige Ohrfeigen erhalten habe.
War es nun so oder so, die Entzauberung der Prinzessin ist noch niemandem geglückt.

Der Wunsch der Armen, aller Sorgen ledig zu sein, hat bei vielen Sagen Pate gestanden.

Wie Köpenick zu seinem Namen kam

Als der Ort noch keinen Namen hatte, warf einmal ein Fischer seine Netze im Müggelsee aus und fing einen großen Krebs. Der konnte sprechen und sagte, er wolle ihn zu einem reichen Mann machen, aber er dürfe ihn nicht an seinem Wohnort verkaufen, sondern nur jenseits der Spree. Der Fischer war es zufrieden. Wie er aber auf den Markt kam, vergaß er die Bedingung und bot den Krebs zum Kaufe an. Da begann der Krebs zu rufen: «Köp nich, köp nich!», und der Käufer lief erschrocken davon. Der Fischer aber stieg nun wieder mit dem Krebs in sein Boot und ruderte bis

nach Stralau, wo er das Schalentier für soviel Geld verkaufte, daß er ein reicher Mann wurde.
Beim Stralauer Fischzug, der jedes Jahr am 24. August stattfand, haben die Stralauer zum Andenken an die Geschichte jedesmal einen großen Krebs im Festzug mitgeführt. Den Heimatort des Fischers nannte man seitdem nach den Worten, die der Krebs gerufen hatte, Köpenick.

Das Leben in alten Zeiten war sehr hart, und etwa alle vier bis fünf Jahre kamen Hungersnöte über das Land, und viele Menschen starben. Das betraf vor allem die Bauern auf dem Lande und die Fischer an den Seen und Flüssen. Von so einer schweren Zeit erzählt eine andere Köpenicker Sage.

Der Frauenzug

Während einer großen Hungersnot, die das Brandenburger Land heimsuchte, hatten auch die Fischer aus dem Kietz bei Köpenick ihre Sorgen. Weder im Müggelsee noch in Dahme oder Spree ließen sich Fische fangen, und man wußte nicht, wovon und wie man leben sollte. Da taten sich die Köpenicker Frauen zusammen und fischten heimlich in der Nacht an einer Stelle mitten in Köpenick, wo es bisher keinem eingefallen war, sein Glück zu versuchen. Es war ein kleiner Wasserarm östlich der Schloßinsel. Sie hatten Erfolg. Netz für Netz, prall mit Fischen gefüllt, zogen sie in die Boote. Am Morgen zeigten sie ihren Fang den staunenden Männern. Fürs erste war die Hungersnot zu Ende. Der Spreearm heißt seitdem der Frauentog (Frauenzug).

Die in der Mark Brandenburg ansässigen slawischen Stämme waren Akkerbauern, Viehzüchter und Fischer und hatten ein besonders enges Verhältnis zur Natur. Auch ihre Religion war mit der Natur verbunden. In heiligen Hainen, an Seen und Quellen und auf Bergen wurden die Gottheiten der einzelnen Stämme verehrt. Schwer fiel es den Verkündern des Christentums, diesen heidnischen Kult auszurotten. Mit der Zeit verwandelten sich die alten Götter in Natur- und Elementargeister, von denen die Sagen berichten.

Zahlreich sind die Geschichten vom Wassermann. Er ist unberechenbar wie das Wasser selbst, das den Menschen freund sein, aber auch gefährlich werden kann.

Der Wassermann und das Mädchen

Eine arme Frau aus Köpenick ging eines Tages mit ihrer kleinen Tochter in die Müggelberge, um Reisig zu sammeln. Während des Suchens kamen sie auseinander, und als es Abend wurde, begann die Mutter ängstlich zu werden und rief mit lauter Stimme nach dem Kind. Sie hörte es bald hier, bald da mit dumpfer Stimme antworten, aber wenn sie zu der Stelle kam, von welcher sie den Ruf gehört hatte, war niemand zu sehen. Betrübt ging sie nach Hause und bat die Nachbarsleute, ihr Kind suchen zu helfen. Die Männer liefen tagelang durch den Wald, ohne das Mädchen zu entdecken, obwohl auch sie die Stimme hörten. Sie wollten schon aufgeben, als einige von ihnen an den Teufelssee kamen, und da war das Mädchen auf einer festen Stelle mitten im Moor. Mit Mühe und Not wurde es aus dem Sumpf geholt. Zu aller Erstaunen war es frisch und gesund und erzählte, alle Tage sei zur Mittagszeit ein freundlicher Mann aus dem See gestiegen und habe ihm Essen und Trinken gebracht, und das habe herrlich geschmeckt, noch nie im Leben habe es so etwas Gutes gekostet.
Das Mädchen ging mit seiner Mutter nach Hause, aber es war traurig und wollte nicht mehr froh werden. Es hatte Sehnsucht nach dem Wassermann aus dem See. Und es sehnte sich so sehr, daß es krank wurde und starb.

Noch Theodor Fontane erschien der Müggelsee unheimlich. «Die Müggel ist bös», schrieb er, und es war ihm, als wohnten noch die alten Heidengötter darin, die zwar besiegt, aber nicht tot seien und in der Dämmerstunde heraufstiegen. Mit heidnischen Göttern hatte sich die katholische Kirche im 16. Jahrhundert in der Mark Brandenburg nicht mehr herumzuschla-

gen. Schon lange waren die Slawen christianisiert, aber der aufrührerische reformatorische Geist aus Wittenberg hatte das Land erfaßt. Ein großer Teil der Bevölkerung, ja selbst die Kurfürstin, hing in aller Heimlichkeit dem lutherischen Glaubensbekenntnis an.
Joachim I. war streng katholisch und versuchte mit allen Mitteln, dem Einfluß der lutherischen Lehre Einhalt zu gebieten. Bestärkt wurde er darin durch den einflußreichsten seiner Räte, den Bischof von Brandenburg, Hieronymus Scultetus. Eigentlich hieß er Schulz.
Im Jahre 1517 soll Tetzel in Berlin gewesen sein. Johann Tetzel (um 1465-1519) war ein Dominikanermönch. Nach einer stürmisch durchlebten Jugend trat er in den Orden ein, doch sein weiteres Erdenwallen war nicht gerade sanft und ruhig zu nennen. Auch als Mönch soll er es noch recht toll getrieben haben — wie die meisten seiner Ordensbrüder, sagt der evangelische (!) Chronist Angelus. In Innsbruck wurde er bei einem Ehebruch ertappt und deshalb zum Tode verurteilt. Kaiser Maximilian wollte ihn im Inn ersäufen lassen, aber auf die Bitte des Kurfürsten von Sachsen war die Strafe in lebenslange Haft umgewandelt worden. Tetzel wußte die Begnadigung des Papstes zu erlangen und widmete sich dem Ablaßhandel. Er wurde einer der berühmt-berüchtigtsten Ablaßkrämer.
Die Kirche hatte das Recht, für Vergehen gegen die Kirchenordnung mancherlei Strafen aufzuerlegen. Das waren oft peinliche Bußübungen oder langwierige Pilgerfahrten und ähnliches. Dann kam die katholische Geistlichkeit auf die Idee, die vermögenden Leute könnten sich mit Geld davon freikaufen. Und weil das ein gutes Geschäft war, wurde dieser Freikauf auch auf die Strafen ausgedehnt, die ein Sünder im Jenseits zu erwarten hatte. Ein Schreiben, in dem stand, daß einem eine bestimmte Sünde erlassen sei, nannte man Ablaß. Interessant ist, daß der Ablaßschein seinem Käufer nicht nur die Absolution seines Vergehens versprach, sondern ihn gleichzeitig vor strafrechtlicher Verfolgung durch die weltlichen Gerichte schützte.
Joachim I. hatte einen jüngeren Bruder, Albrecht, der Bischof von Halberstadt, Erzbischof von Magdeburg und 1514 noch Bischof von Mainz geworden war. Das waren einflußreiche und einträgliche Pfründen. Für die Übernahme der letzten, für Mainz, welche auch die Kurwürde beinhaltete, das Mitspracherecht bei der Kaiserwahl, hatte Albrecht die Zustimmung des Papstes für dreißigtausend Dukaten erhandelt. Die Summe hatte ihm das berühmte Handelshaus der Fugger vorgestreckt, und sie sollte nun zurückgezahlt werden. Wie kam man zu Geld? Durch den Ablaßhandel. Der Papst schrieb einen neuen Ablaß speziell für die deutschen Lande aus, und die Einnahmen gingen zur Hälfte an den Heiligen Vater nach Rom

und zur anderen Hälfte an den Erzbischof von Mainz, der damit seine Schulden bei den Fuggern zahlen konnte.
Den größten Umsatz machte besagter Tetzel. Er brachte gewaltige Summen zusammen, obwohl er in manche deutsche Länder nicht hineingelassen wurde. In Brandenburg jedoch fand er alle erdenkliche Unterstützung. An einem Apriltag 1517 zog Tetzel mit großem Gepränge in Berlin ein. Wie überall schlug er seinen Ablaßkram auf den Stufen der vornehmsten Kirche des Ortes auf, und das war in Berlin die Nikolaikirche. Nachdem extra zu seinem Empfang eine Messe zelebriert worden war, begann er zu predigen. Das war etwas, was er konnte. In den schrecklichsten Farben malte er dem Volk aus, wie es um seiner Sünden willen für ewig im Fegefeuer schmoren müsse, wie schlimm es da den armen verdammten Seelen ginge, was für ein Heulen und Zähneklappern da herrsche. Und wenn den Zuhörern Schauer der Angst den Rücken herunterliefen, dann brach er seine furchterregenden Schilderungen ab und rief: «Ich aber habe hier das Mittel, das euch von alledem freikauft. Ich habe Ablaß für alle Sünden! Selbst eure Eltern und Großeltern könnt ihr noch von der Höllenpein erretten!»
Die Leute kauften Ablaßbriefe für alle möglichen großen und kleinen Sünden, und Tetzel machte ein gutes Geschäft. Das Geld legte er in eine Truhe, an der geschrieben stand:
Sobald das Geld im Kasten klingt
die Seele vom Fegefeuer in den Himmel springt.

Nicht nur die Brandenburger aus der Umgebung Berlins kamen, um zu kaufen, sondern auch die Sachsen. Kurfürst Friedrich der Weise hatte in seinem Land den päpstlichen Ablaßhandel verboten. Nicht etwa, weil er an den Ablaß nicht glaubte, im Gegenteil. In der Schloßkirche zu Wittenberg hatte er 17 000 Reliquien in Verwahrung, die ablaßkräftig waren, und Luther hatte es späterhin schwer, ihn zu überreden, sich davon zu trennen. Friedrich war nur daran interessiert, daß das Geld im Lande blieb und nicht nach Rom oder Mainz ging. Aber seine Untertanen verlangten nach diesem Ablaß, der besondere Kraft haben sollte, und so wanderten die Sachsen in Scharen über die damals so nahe Grenze nach Berlin und halfen, Tetzel den Kasten zu füllen. Das Geschäft blühte.

Tetzel in Berlin

Der Dominikanermönch Johann Tetzel hielt sich mehrere Monate in Berlin auf. Als der Verkauf von Ablaßzetteln nachzulassen begann, rüstete er sich, weiterzuziehen. An einem der letzten Tage trat ein gut gekleideter Junker an seinen Stand und verlangte Ablaß für eine Sünde — er zögerte ein bißchen-, für eine Sünde, die er erst begehen wolle. Nun hätte Tetzel dem jungen Mann eigentlich ins Gewissen reden und ihn ermahnen müssen, von der Sünde zu lassen. Aber er dachte nur an das Geld und meinte, er habe Absolution für jederlei Vergehen, auch für solche, die noch nicht geschehen seien. Selbstverständlich sei für diese der Ablaß viel teurer. Die beiden feilschten ein Weilchen, und schließlich kaufte der Junker für den geforderten Preis einen Ablaßbrief für Straßenraub.
Einige Tage später war Tetzel mit seinen Begleitern auf dem Wege nach Jüterbog. Wie sie gerade eine öde Heide überquerten, sah der Kutscher in der Ferne eine Reiterschar auf sie zukommen. Als diese nahe genug war, konnte man erkennen, daß die Reiter ihre Gesichter verhüllt hatten. Das bedeutete nichts Gutes. Der Kutscher ließ seine Pferde im Stich, und die Gehilfen Tetzels schlugen sich seitwärts in die Büsche. Nur Tetzel blieb auf der Truhe sitzen, in der er das viele Geld aufbewahrte, und erwartete die Strauchdiebe. Er fing an zu zetern und zu schreien, sie dürften ihn nicht berauben, er sei ein Geweihter des Herrn, und das Geld, das er mit sich führe, gehöre dem Haupt der Christenheit, dem allerheiligsten Vater in Rom. Wer sich daran vergreife, der begehe eine Sünde, die nie und nimmer vergeben werde. Auf ewig müsse der, der ihn bestehle, in der Hölle schmoren.
Doch all sein Schreien half ihm nichts. Völlig ungerührt zogen ihn die Reiterskechte von der Truhe und stießen ihn vom Wagen. Der Anführer zog sein Tuch vom Gesicht und sagte: «Da irrst du dich aber gewaltig, ehrwürdiger Bruder! Du selbst hast mir vor einigen Tagen den Ablaß für diese Sünde verkauft.»

Der Chronist Angelus fügt dieser Geschichte hinzu: «Sintemal ist an ihm das Sprichwort wahr geworden: Übel gewonnen — übel zerronnen». Der Ritter soll ein Herr Hake auf Stülpe gewesen sein, der sich auf diese Weise seine Lebensumstände aufgebessert hat. Die Hackes oder Hakes — man nahm es früher mit der Schreibweise nicht so genau — waren ein altes märkisches Geschlecht. Der Name taucht in der brandenburgisch-preußi-

schen Geschichte immer wieder mal auf. Teils waren sie begütert, teils lebten sie recht armselig. Der auf Stülpe gehörte zu den armen.
Im April 1517 war Tetzel nach Berlin gekommen, und am 31. Oktober schlug Luther seine 95 Thesen an die Tür der Schloßkirche zu Wittenberg. Ob sich der Überfall auf Tetzel wirklich so zugetragen hat?
Im 15. Jahrhundert wird in einem Mailänder Predigtbuch, dem Rosarium, über ein ähnliches Vorkommnis berichtet. Dann wurde die Erzählung von dem Franziskanermönch Johann Pauli in sein vielgelesenes deutsches Schwankbüchlein «Schimpf und Ernst» aufgenommen, das 1522 erschienen war, also in einer Zeit, in der Tetzel sein Unwesen trieb. Es lag nahe, daß diejenigen, die die Geschichte weitererzählten, dem gewissenlosen Ablaßverkäufer den Namen Tetzels gaben. Möglich ist auch, daß Herr Hake die Geschichte kannte und sie als Anleitung zum Handeln nahm.

Joachim I. war abergläubisch. Das war in dieser Zeit nichts Besonderes. Abergläubisch war eigentlich jeder. Joachim beschäftigte sich mit Astrologie. Der Stand der Gestirne zueinander in der Stunde der Geburt eines Menschen sollte entscheidend für sein Geschick während des ganzen Lebens sein. Die gelehrtesten Astronomen waren zugleich Sterndeuter und glaubten selbst an ihre Prophezeiungen, z.B. Johannes Kepler (1571-1640), ein Wissenschaftler, der zum ersten Mal das Bestehen mathematisch formulierbarer Naturgesetze nachgewiesen hat. Auf dem Schloß zu Cölln gab es eine Sternwarte. Der Kurfürst beobachtete selbst die Sterne und verfaßte sogar ein Buch über die Grundsätze der Astrologie. Sein Hausastrologe hieß Johannes Carion. Dessen Prophezeiungen und Berechnungen vertraute Joachim bedingungslos. Als dem Kurfürsten der zweite Sohn geboren wurde, hatte Carion nicht nur seine Lebensgeschichte aus den Sternen gelesen, sondern er fand sogar heraus, daß der Prinz einen Schutzengel namens Bathsitihadel habe. Natürlich konnte ihm niemand das Gegenteil beweisen. Carion gab prophetische Kalender heraus und verstand es sehr gut, seine Voraussagen in vage Formulierungen zu fassen, die vielseitig ausdeutbar waren. Wurde er einmal konkret, dann traf die Vorhersage meist nicht ein. So hatte Carion z. B. verkündet, Martin Luther werde an einem bestimmten Tage öffentlich verbrannt werden. Das geschah nie, wie wir wissen. Aber Joachim ließ sich in seinem Vertrauen zu Carion nicht beirren.
Ein anderer bekannter Astrologe namens Stöffler hatte im Jahre 1518 geweissagt, im Februar 1524 werde eine gewaltige Sintflut die ganze Erde zerstören. Zweifel darüber könne es nicht geben, denn zu diesem Zeit-

punkt trete eine Konjunktion von Saturn, Jupiter und Mars im Zeichen der Fische ein, was zuverlässig eine große Wasserflut bedeute. Andere Astrologen bestätigten dies. Diese Voraussage richtete viel Unheil an. Die Voraussage, nicht die Sintflut, denn die kam nicht. Aber viele Menschen hatten ihre Güter und Häuser verkauft, um ins Gebirge zu ziehen. Andere wieder lebten in Saus und Braus und warfen ihr Geld mit vollen Händen zum Fenster hinaus.
Joachim hielt sich von solcher Hysterie fern, er wußte es besser.
Carion hatte ihm genau ausgerechnet, daß die Wasserflut erst ein Jahr später, am 15. Juli 1525, eintreffen werde. Auch sei es keine große allgemeine Sintflut, sondern nur eine kleine, ein Sintflutchen, das die Städte Berlin und Cölln zerstören würde.
Wer nun denkt, der Kurfürst hätte für das Wohl seiner Residenz und ihrer Bewohner Sorge getragen, der irrt. Er dachte nur an sein eigenes.

Die Flucht auf den Cöllnischen Weinberg

Der 15. Juli 1525 war zunächst ein klarer Sommersonnentag, aber gegen Mittag nahm der Himmel eine fahlgelbe Färbung an. Da regte es sich im kurfürstlichen Schlosse zu Cölln. Die Hofequipagen wurden beladen und die Pferde angespannt. Die Schloßtore öffneten sich und der Kurfürst, seine Gemahlin und die Kinder fuhren über den Schloßplatz, begleitet von den vornehmsten Hofbeamten und Offizieren. Jeder hatte von seinem Eigentum mitgenommen, soviel die Wagen fassen konnten.
Im Süden Berlins erhoben sich, wenn man diesen etwas übertriebenen Ausdruck gebrauchen will, die Cöllnischen Weinberge, auch Tempelhofer Berge genannt. Nach dem höchsten, dem heutigen Kreuzberg, ging der Zug, denn Carion hatte prophezeit, so hoch werde die Flut nicht steigen. Stunde um Stunde verging. Das Wetter zog sich drohend zusammen, doch kein Regen kam.
Die Berliner und Cöllner Bürger waren von dem Verhalten ihres Landesvaters keineswegs begeistert, als sich herumsprach, warum der Hofstaat das Schloß verlassen hatte. Aufrührerische Reden wurden laut, um so mehr, als die Familien, die sich ebenfalls auf den Tempelhofer Berg retten wollten, von den Trabanten des Kurfürsten daran gehindert wurden. Der Abend kam, und noch immer fiel kein Regen. Als die Wolken sich zerteilten und der klare Himmel zu sehen war, beredete die Kurfürstin ihren

Mann, doch wieder in das Schloß zurückzukehren. Keine Hochrufe wie sonst, sondern nur böse Blicke der Untertanen begleiteten den Heimkehrenden. Als man im Schloßhof angelangt war, schoß plötzlich ein Blitz hernieder, und der Donner krachte. Der Kurfürst fiel in Ohnmacht, und der Wagen stand still im strömenden Regen. Der Blitz hatte den Kutscher und die vier Pferde erschlagen. «Sunsten», sagte der Chronist Haftitz, «hat das Wetter keinen Schaden getan.»

Das geschah in der Zeit des Großen Deutschen Bauernkrieges. Überall kann man lesen, er habe nicht auf die Mark Branderburg übergegriffen. Doch zu einigen kleineren Aufständen kam es auch hier. Joachim I. hatte Vorsorge getroffen. 1524 erließ er ein Verbot der Bibelübersetzung, weil daraus mancherlei Aufruhr hätte erwachsen können. Im Jahr des Entscheidungskampfes schickte er Hilfstruppen nach Frankenhausen, und als der Aufstand blutig niedergeschlagen war, entsandte er seinen Henker, damit der bei den grausamen Folterungen und Hinrichtungen helfen könne.

Sein Sohn, Joachim II., war dreißig Jahre alt, als er 1535 die Regierung übernahm. Wenn man die Vorliebe beider für schöne Frauen ausnimmt, hatten Vater und Sohn wenig Gemeinsamkeiten. Joachim II. war ein verschwenderischer Herr, der seine Zeit bei wüsten Gelagen und Vergnügungen zubrachte. 1539 erhob er das lutherische Glaubensbekenntnis zur Landesreligion. Das war ein Schritt, für den ihm seine Untertanen zu Dank verpflichtet waren, denn trotz aller Befehle und Repressalien Joachims I. hingen die Brandenburger der neuen Lehre an. In der Cöllner Domkirche nahm Joachim II. das Abendmahl in beiderlei Gestalt, also Brot und Wein, aus der Hand des der neuen Glaubensform zugeneigten Bischofs von Brandenburg, Matthias von Jagow, und mit ihm der Hof. Die Berliner Bürger vollzogen ihren Übertritt in der Nikolaikirche. Durch die Säkularisation, die Einziehung der Kirchen- und Klostergüter, füllte sich das Säckel des Kurfürsten wieder für eine Weile, bis auch diese Einkünfte verpraßt waren.

Was aus den kostbaren Reliquien geworden ist, die in den Kirchen aufbewahrt wurden, ist nicht bekannt. Sie waren wirklich «kostbar», d.h. mit teurem Geld erworben. Manches mutet uns heute allerdings mehr als seltsam an, so z.B., daß man in der Marienkirche ein Fläschchen mit der Milch der Jungfrau Maria habe vorzeigen können.

Zu den zahlreichen Wahnideen, die die Menschen im Mittelalter beherrschten, gehörte der Glaube an Hexen. Für die christliche Kirche war

die Frau die Unreine, die Verführerin des armen, unschuldigen Mannes. Eva hatte Adam überredet, in den Apfel zu beißen. Ihretwegen war die Menschheit der Freuden des Paradieses verlustig gegangen. So galt Jahrhunderte hindurch die Frau als «das Gefäß der Sünde», «die Pforte zur Hölle» und was es sonst noch für «schöne» Bezeichnungen gab. Nur einige wenige Gegenstimmen tönten in den Chor der Verdammung. So meinte ein Pater Matthias aus Krakau, die weibliche Schönheit sei zu loben, denn sie hielte die Männer von schlechten Taten fern.

Vor allen anderen Ländern Europas wütete in Deutschland der Hexenwahn. Die Frau, die Ursache alles Bösen, war in erster Linie verdächtig, einen Pakt mit dem Teufel geschlossen zu haben. Jakob Sprenger und Heinrich Institoris, die Autoren des berüchtigten «Hexenhammers», stellten die Behauptung auf, die Frauen überträfen die Männer bei weitem an Aberglauben, Rachsucht, Eitelkeit, Lügenhaftigkeit und unersättlicher Sinnengier. Dort steht: «Die Frauen… haben den Männern gegenüber drei wesentliche Mängel: einen Mangel an Verstand, ein Übermaß an Leidenschaftlichkeit und einen Mangel an memorativer Kraft. Daraus resultiert ihre Anfälligkeit gegenüber dem Teufel.» Unter «Mangel an memorativer Kraft» verstanden die Autoren nicht etwa eine Unfähigkeit, Fakten oder Daten lange im Gedächtnis zu bewahren, sondern so etwas wie die unzureichende Bereitschaft der Frau, sich bedingungslos dem Willen des Mannes unterzuordnen. «Es ist den Frauen ein Laster von Natur aus, sich nicht regieren zu lassen, sondern ihren Eingebungen zu folgen ohne irgendwelche Rücksicht.»

Machte eine Frau nur die geringsten Ansätze, eine gewisse Selbständigkeit anzustreben, so geriet sie in den Verdacht, eine Hexe zu sein. Vor diesem Verdacht konnte nichts schützen, weder Jugend, Schönheit und Reichtum noch Alter, Häßlichkeit und Armut. Alles und jedes in Art und Verhalten schien verdächtig. Selbst übertriebene Frömmelei nutzte nichts, denn das war ja gerade die ausgepichte Teufelei der Hexen, daß sie sich so gut verstellen konnten.

Zur Ehre unserer Vaterstadt und der Mark Brandenburg sei gesagt, daß, gemessen an den Massenhinrichtungen im Süden und Westen Deutschlands, den «Großen Bränden», bei denen zehn und mehr Unglückliche gemeinsam den Flammen übergeben wurden, Hexenverbrennungen relativ selten stattfanden. Natürlich waren die Menschen in Berlin nicht besser oder weniger abergläubisch als anderswo, doch die Schwesternstadt Berlin-Cölln hatte mit der Kirche als Institution wenig im Sinn. Dieser Gegensatz mag dazu beigetragen haben, daß hier weniger Frauen den Leidensweg antreten mußten als im übrigen Deutschland.

Martin Luther glaubte an einen leibhaftigen Teufel und an eine Teufelsgefolgschaft. Er ist dem Irrwahn nicht entgegengetreten, und so hörten auch nach der Annahme des lutherischen Glaubens die Hexenverfolgungen nicht auf.

Die Zauberweiber von Berlin

Im Jahre 1553 gerieten in Berlin zwei arme alte Frauen, die zusammenlebten, in den Ruf, Zauberweiber zu sein. Als eines Tages einer Mutter das Kind verschwunden war, ging sie zum Gericht und gab an, sie hätte in dem Suppentopf der Frauen die Gebeine (!) ihres Kindes wiedererkannt. Die armen Frauen wurden ins Gefängnis geworfen und gestanden auf der Folter alles, was man von ihnen hören wollte. Sie bekannten, sie hätten mit ihrem Gekoch ein Unwetter über Berlin zusammenbrauen wollen, mit Hagelschauern und bitterem Frost, so daß alle Frühlingsblüte zuschanden gekommen wäre und die Bäume keine Frucht getragen hätten. Sie hatten gestanden und wurden also verurteilt, lebendig verbrannt zu werden. Was auch geschah.

Diese Sage findet sich in den 1816 von den Brüdern Grimm veröffentlichten «Deutschen Sagen». Von ihnen hat sie Ludwig Bechstein in seine Sagensammlung übernommen. Interessant ist, daß er, der so gern das Wiedergegebene in seinem Sinn auslegte, sich jedes Kommentars enthält. Er erzählt die Sage so, als ob er an Hexen glaube und schließt: «... da wurde ihnen nach Verdienst gelohnt.»

Wie verbreitet der Aberglaube damals war und wie er zu Massenwahnvorstellungen führen konnte, zeigt eine Sage, die der Chronist Angelus als aufzeichnenswert in seine «Annales Marchiae», die Jahrbücher der Mark, aufgenommen hat.

Die Gespenstermäher

Im Jahre 1559 zur Halerernte wurden plötzlich in der Nähe von Berlin viele Mannspersonen auf dem Felde gesehen, die grauenvoll anzuschauen waren. Zuerst nur fünfzehn, dann kamen noch zwölf andere dazu, welche noch furchterregender aussahen als die ersten, denn ihnen fehlte der Kopf. Alle siebenundzwanzig hieben mit ihren Sensen mit aller Gewalt in den Hafer, daß man es nur so rauschen hörte, und doch blieb der Hafer stehen. Das Gerücht dieses Geschehens verbreitete sich mit Windeseile in Berlin und Cölln, und aus der Stadt und vom Hofe liefen viele Leute vor die Tore, um sich das Wunder anzusehen. Wenn man die Männer fragte, wer sie seien und woher sie kämen, so antworteten sie nichts. Als einige sehr Mutige auf sie zutraten und sie anzufassen versuchten, da entwischten die Gestalten wie Schatten vor ihren Händen, aber dabei immerfort in den Hafer hauend. Diese Erscheinung soll ein paar Tage angehalten haben.
Die Berliner Bürger meinten, das würde nichts Gutes bedeuten. Kurfürst Joachim II. war ebenfalls dieser Ansicht und ließ die vornehmsten und bekanntesten Prediger der Mark Brandenburg vor sich kommen, um von ihnen zu hören, was diese Erscheinung zu bedeuten habe. Genaues wußten die Prediger nicht zu sagen. Sie hielten dafür, daß die gespensterhaften Mäher eine Strafe des Himmels ankündigen wollten, vielleicht eine Pestilenz.

Mit der Auslegung der Erscheinung hatten sich die geistlichen Herren nicht allzuviel Mühe gemacht, denn daß in einer kürzeren oder längeren Zeitspanne wieder einmal eine Seuche das Land heimsuchen würde, war bei den damaligen hygienischen Verhältnissen mehr als wahrscheinlich. Wie aus alten Chroniken zu entnehmen ist, wütete dann im Jahre 1566 die Pest wieder im Lande Brandenburg.

Joachim II. liebte plump-derbe Vergnügungen, zu denen ihm seine Untertanen nicht nur das Geld liefern, sondern für die sie auch ihre Haut zu Markte tragen mußten, wie bei dem sogenannten Knüppelkrieg, bei dem sich Berliner und Spandauer Bürger zum Vergnügen des Kurfürsten grün und blau geschlagen haben.
Eines seiner Hauptvergnügen war die Jagd.

Der Hirsch in der Köpenicker Heide

Es war im Jahre 1570, Joachim II. jagte wieder einmal in der Köpenicker Heide und verfolgte einen stattlichen Hirsch. Der blieb plötzlich stehen, drehte sich nach dem Kurfürsten um, und zwischen seinem Geweih leuchtete ein Kreuz auf. Da tat der Kurfürst das, was der Legende nach Sankt Hubertus getan hatte, er stieg vom Pferd, kniete nieder und betete. Als er aufschaute, war der Hirsch verschwunden. Joachim nahm die Erscheinung als Mahnung, daß er bald sterben würde. Im darauffolgenden Jahr starb er dann auch.

Es ist bezeichnenderweise wieder Ludwig Bechstein, der diese Sage in seine Sammlung aufgenommen hat. Er schreibt, Joachim II. sei «selig verstorben». Was man sich immer darunter vorstellen mag, allzu selig war Joachims Ende nicht. Am Tage vorher war er noch auf der Wolfsjagd gewesen, hatte am Abend mit seinen Kumpanen im Schloß Köpenick gezecht und starb dann in der darauffolgenden Nacht unter heftigen Erstikkungsanfällen. Hätte er länger gelebt, wäre der Schuldenberg, den er hinterließ, noch höher gewesen. Mit einem Fehlbetrag von zwei Millionen Gulden mußte sich sein Nachfolger herumplagen. Joachim II. hatte sich den zweifelhaften Ruhm erworben, von allen brandenburgischen Kurfürsten der verschwenderischste gewesen zu sein. Mit seinem Tode ist eine Sagengestalt verknüpft.

Die Weiße Frau im Schloß zu Berlin

Durch das Berliner Schloß geisterte eine weiße Frau. Sie trug ein sandsteinfarbenes Gewand, eine Witwenhaube, einen Schleier wie aus Spinnweben und strömte einen intensiven Modergeruch aus. Lautlos schritt sie durch die Gänge des Schlosses, und ihr Erscheinen zeigte an, daß ein Mitglied der Hohenzollernfamilie sterben müsse. So wandelte sie einher und tat nichts Böses, denn den Tod anzuzeigen, ist eigentlich nichts Schlimmes. Sterben müssen alle einmal, selbst Fürsten bilden da keine Ausnahme.

Es stellt sich die Frage, wer war die Weiße Frau im Leben? Denn jedes Gespenst muß einmal jemand in Fleisch und Blut gewesen sein. Es gibt mehrere Deutungen. Die alten Berliner allerdings waren fest davon überzeugt, daß es Anna Sydow sei, die die Geliebte Joachims II. gewesen war.

Die Schöne Gießerin

Joachim II. liebte Anna Sydow, die Witwe eines Gießmeisters, mehr als alle seine anderen Gespielinnen, von seiner angetrauten Ehefrau schon gar nicht zu reden.

Die Kurfürstin hielt sich meist auf einem der Schlösser in der Mark Brandenburg auf und ließ sich in Berlin nicht blicken. Gleichfalls fern vom Hofe blieb der Kurprinz, dem das verschwenderische Treiben, an dem Anna Sydow nach Kräften teilnahm, zuwider war. Mit Sorge dachte er daran, was er dereinst für ein Erbe zu übernehmen hätte. Da Joachim wußte, wie sehr sein Sohn die Schöne Gießerin haßte und verachtete, so fürchtete er seine Rache und ließ ihn schwören, wenn er Kurfürst sein würde, werde er die Frau und ihre Kinder in allen ihren Gütern und Ehren belassen und ihnen nichts zuleide tun. Johann Georg versprach es. Als aber der Vater so plötzlich in Köpenick verstorben war, ließ er als erstes alle Günstlinge seines Vaters in Verwahrung nehmen. Anna Sydow wurde nach Spandau auf die Festung geschafft und in die Kasematten gestoßen. Die Frau war nicht mehr die jüngste und an Wohlleben gewöhnt. Den Aufenthalt in dem feuchten unterirdischen Gelaß ertrug sie nicht lange. Ein Jahr später war sie tot.

Als der Kurfürst Johann Georg, der ihr so übel mitgespielt hatte, 1597 starb, soll der Sage nach ihr Geist zum erstenmal als Weiße Frau im Berliner Schloß erschienen sein.
Es gab aber noch andere Mutmaßungen darüber, wer die Spukgestalt gewesen sein könne.

Die Gräfin von Orlamünde

Die Witwe des Grafen von Orlamünde verliebte sich in den Burggrafen Albrecht den Schönen von Nürnberg. Albrecht war ihrer Werbung nicht allzu geneigt, doch er sprach seine Ablehnung nicht deutlich aus, sondern erging sich in unklaren Äußerungen, wie, er würde die Gräfin heiraten, wenn vier Augen nicht wären. Die Gräfin hatte zwei Kinder, einen Sohn und eine Tochter, und natürlich waren diese die Erben der reichen Grafschaft, und ihr Mann zweiter Ehe wäre bei ihrem Tode leer ausgegangen. So bezog sie den Ausspruch Albrechts auf die Kinder und beschloß, beide aus dem Wege zu schaffen. Sie bot einem ihrer Dienstmannen, Hayder geheißen, viel Geld, wenn er die Kinder töten würde. Hayder ging mit den Geschwistern in den Wald. Als die beiden merkten, was ihnen drohte, bat der Knabe: «Lieber Hayder, laß mich leben! Ich will dir Orlamünden geben.» Das Mädchen aber, das noch sehr klein war, sagte: «Lieber Hayder, laß mich leben! Ich will dir all' meine Docken geben.» Doch der Mörder ließ sich nicht rühren und führte seinen Auftrag aus.
Die Untat wurde ruchbar, und nun erklärte Albrecht von Hohenzollern klar und deutlich, er wolle die Gräfin nicht heiraten, und mit den vier Augen habe er seine Eltern gemeint, die dieser Heirat nicht zugestimmt hätten. Umsonst hatte die Gräfin von Orlamünde ihre Kinder ermordet, Albrecht der Schöne heiratete eine andere, und nun bereute sie ihre Tat. Sie trat in das Kloster Himmelkron ein und verbrachte den Rest ihrer Tage mit Bußübungen.

Das Volk aber war der Meinung, daß eine solche Tat niemals gesühnt werden könne, und bis zum jüngsten Tage müsse deshalb die Gräfin als Weiße Frau in der Burg von Orlamünde umgehen. Und weil es ein Hohenzoller war, ein Ahnherr des brandenburgisch-preußischen Fürstenhauses, um dessentwillen sie die Untat begangen hatte, deshalb spuke sie auch durch das Berliner Schloß.

Eigentlich kommt Albrecht der Schöne in der Sage ganz gut weg, falls man ihm seine nebulösen Reden nicht zum Vorwurf machen will. Doch die bloße Vorstellung, einer ihrer Vorfahren werde mit so einem Verbrechen in Verbindung gebracht, erzürnte die Hohenzollern. Auf eine Beschäftigung mit dieser Sage konnte das Herrscherhaus äußerst ungnädig reagieren. Adalbert Kuhn, der 1843 über die Weiße Frau in seinen «Märkischen Sagen und Märchen» berichtet, fügte hinzu, sie erscheine, den Hohenzollern ihre Seligkeit neidend. Damit hatte er sich gut aus der Affäre gezogen. Auch Adolf Streckfuß, der die Sage in sein Buch «500 Jahre Berliner Geschichte» aufgenommen hatte, entschuldigte sich quasi dafür. Andere Wissenschaftler taten es ihm nach.

Im Volksglauben ist Spukenmüssen nach dem Tode eine Strafe für den Verstorbenen. Die Bauern hatten im Mittelalter wenig Möglichkeiten, gegen Fron und Ausbeutung aufzutreten. Ihr und der Bürger Aufbegehren

im Bauernkrieg war grausam zusammengeschlagen worden. So legten sie ihre Wut und ihren Haß in die Geschichten, die sie sich erzählten, und labten sich an der Hoffnung, daß ihre mitleidlosen Herren wenigstens im Jenseits die verdiente Strafe erhalten würden. Wenn von solchen Nachtodgestalten erzählt wurde, dann hieß es meist: «Der Großvater meines Urgroßvaters hat das Gespenst selbst gesehen.»
Was das Berliner Schloßgespenst betrifft, so ist auffällig, daß relativ viele Leute, darunter recht klardenkende, in ihren Memoiren oder Briefen berichtet haben, sie hätten die Weiße Frau gesehen. Man nimmt an, daß Hofbeamte oder Diener, die unzufrieden mit der Herrschaft des regierenden Fürsten waren und sich bessere Zeiten von dem Nachfolger erhofften, spuken gingen. Eine günstige Gelegenheit bot sich vor allem, wenn der Fürst auf dem Krankenbett lag. Die Kostümierung war einfach zu bewerkstelligen, und geschehen konnte dem Verkleideten nicht viel, denn wo er sich zeigte, gerieten die Leute in Furcht und Schrecken und machten, daß sie schleunigst in einen anderen Teil des Schlosses kamen. Und in Windeseile verbreitete sich das Gerücht: «Die Weiße Frau ist wieder da!»

Der mutige Page

Es gab einmal einen Pagen im Schloß, der vor nichts Angst hatte. Er rühmte sich vor seinen Kameraden, wenn er der Weißen Frau begegnen sollte, dann würde er nicht davonlaufen, sondern auf sie zugehen und sie begrüßen. Die anderen lachten und sagten: «Das wollen wir sehen. Du bist wahrscheinlich der erste, der das Hasenpanier ergreift.» Der Page beteuerte nochmals seinen Mut, und so schlossen sie eine Wette ab. Und wirklich, eines Tages verbreitete sich wieder das Gerücht im Schloß, im alten Flügel sei die Weiße Frau gesehen worden. Jetzt galt die Wette. Die Jungenschar begab sich vorsichtig in diesen Teil des Gebäudes, und siehe, da wandelte die Weiße Frau einen Gang entlang. Während sich die anderen in gebührender Entfernung hielten, ging der Page auf sie zu, faßte ihre Hand und fragte: «Guten Tag, Muttchen, wie geht es denn?» Die Erscheinung antwortete nicht. Sie machte ihre Hand los und schlug mit der geballten Faust zu. So heftig war der Schlag, daß der Junge auf den Steinfußboden fiel und ohnmächtig liegenblieb. Das Gespenst schritt über ihn hinweg und verschwand am Ende des Flures. Nach einer Weile wagten sich zitternd und zagend die anderen aus ihrem Versteck und hoben ihn auf. Man trug ihn in seine Kammer, der Arzt kam, aber der Knabe starb am dritten Tag, ohne daß er das Bewußtsein wieder erlangt hätte.

Wenn diese Geschichte wahr sein sollte, dann wäre das ein Beweis mehr für die Mutmaßung, daß ein Hofmann in Verkleidung Weiße Frau gespielt habe. Er war in Gefahr, entdeckt zu werden, und deshalb schlug er zu.

Der Herr von Burgsdorf und die Weiße Frau

Im Jahre 1666 lag die Mutter des großen Kurfürsten sterbenskrank darnieder, und man munkelte, die Weiße Frau habe sich gezeigt. Da äußerte der Kammerherr Curt von Burgsdorf den Wunsch, die Weiße Frau möge ihm begegnen, er wolle ihr schon Bescheid stoßen. Eines Abends, als er vom Kurfürsten kam und die Treppe nach dem Garten hinuntergehen wollte, um sein Pferd zu besteigen, trat sie ihm entgegen. Wortlos nahm sie ihn beim Kragen und warf ihn die Treppe hinunter.

So soll Herr von Burgsdorf die Geschichte seinen Freunden erzählt haben. Man muß aber wissen, daß dieser Herr der größte Saufaus am Brandenburger Hofe war und den Krug Bier immer nur in einem Zug leer trank. Achtzehn Maß Wein soll er einmal bei einer Hochzeit während einer Mahlzeit getrunken haben. Wenn er sich heimwärts trollte, dann war er garantiert nicht mehr nüchtern, und es wäre eher erstaunlich gewesen, wenn er in diesem Zustand keine weißen Mäuse oder auch weiße Frauen gesehen hätte. Die besagte Treppe wird er wohl selber hinuntergefallen sein.
Trinken, wenn man das noch so nennen kann, galt am Hofe Georg Wilhelms, des Vaters des Großen Kurfürsten, als Haupttugend. Wer von den Hofleuten da nicht mithalten konnte oder wollte, stand nicht in Gunst. Bei einer Kindtaufe soll der Kurfürst mit seinem Gefolge viertausend Tonnen Bier ausgetrunken haben. Und das war im Jahre 1624, mitten im Dreißigjährigen Krieg, während das Volk verelendete.
Einige sagten, die Geschichte sei dem Oberstallmeister Ehrenreich von Burgsdorf passiert, was aber keinen großen Unterschied macht, denn der stand im Saufen seinem Bruder in nichts nach.
Nicht wenige Hohenzollern glaubten an die Existenz der Weißen Frau. Johann Georgs Enkel, Johann Sigismund, hatte solche Furcht vor ihr, daß er nicht im Berliner Schloß sterben wollte, sondern zu seinem Kammerdiener in die Spandauer Straße zog. Dorthin kam das Gespenst zwar nicht, aber im Schloß geisterte es so lange umher, bis er im Dezember

1619 gestorben war. In seiner Leichenrede betonte der Domprediger Johann Berger ausdrücklich: «Es hat sich die Weiße Frau in leidtragender Gestalt auf dem Churfürstlichen Schlosse sehen lassen vor Personen allerhand Standes und Alters, daß also an ihrer Erscheinung nicht zu zweifeln ist.» Aus dieser Zeit stammen auch die meisten Berichte von dem Auftreten der Weißen Frau.

Beim Schloßneubau durch Schlüter fand man 1709 bei Abrißarbeiten ein weibliches Gerippe. Friedrich I. ließ es mit allen nur erdenklichen Ehren auf dem Domfriedhof beisetzen und hoffte, der Spuk sei gebannt — vergeblich. Auch ihm erschien am Ende seiner Tage die Weiße Frau. Mit blutüberströmten Händen, die Arme gen Himmel reckend, stand sie plötzlich vor ihm. Er schlummerte in einem Lehnstuhl, schreckte auf und schrie vor Entsetzen. Hofschranzen und Lakaien eilten herbei, und die Sache klärte sich auf. Die Erscheinung war kein Gespenst, sondern seine dritte Frau Sophie Louise von Mecklenburg, die schon seit einiger Zeit wahnsinnig war und unter Bewachung stand. Sie hatte die Scheiben einer Glastür eingeschlagen, um zu ihm zu gelangen. Nur schwer ließ sich Friedrich überzeugen, daß es eine irdische Erscheinung gewesen war, die ihn so erschreckt hatte.

An die alten Zeiten und die Art der Gerichtspflege, wie sie im frühen Mittelalter üblich war, erinnert uns die Gerichtslaube, die im Nikolaiviertel wieder aufgebaut wurde. Sie war ursprünglich nach drei Seiten hin offen, damit das Volk die Gerichtsverhandlung verfolgen konnte. Ein Urteil galt erst als rechtskräftig, wenn alle Umstehenden die Frage des Richters, ob alles nach Recht und Brauch vor sich gegangen sei, bejahten.

Das Berliner Rathaus ist mehrmals vom Feuer zerstört worden. 1380 fiel es dem tagelang wütenden großen Stadtbrand zum Opfer, der selbst die Kirchen bis auf die Grundmauern zerstörte. Natürlich wurde es wieder aufgebaut, aber 1484 und 1581 brannte es erneut ab. Zwei Jahre später konnte das Eckgebäude mit dem Turm eingeweiht werden; der Teil in der Spandauer Straße wurde 1693 errichtet und 1710 ergänzt. Danach wurde nur noch wenig für das Gebäude getan. Die Fassaden bröckelten ab, und es war wirklich dringend notwendig, daß der Berliner Magistrat Ende der 60er Jahre des vorigen Jahrhunderts einen repräsentativen Neubau beschloß. Das Rote Rathaus entstand, so wie es sich uns heute noch zeigt.

Am alten Rathausturm war in früheren Zeiten an der Seite der Königstraße, der heutigen Rathausstraße, im ersten Stock eine zugemauerte Tür zu sehen. Es führte sogar noch eine Holztreppe dort hinauf, die dann zerfiel und später abgetragen wurde. Man erzählte sich folgende Geschichte darüber.

Der Schelmeneid

Ein stadtbekannter Berliner Wucherer hatte sich von einem Freund fünfzig Dukaten geliehen, da er in vorübergehender Bedrängnis sei, wie er diesem sagte. Der Freund gab ihm die Summe bedenkenlos, denn er wußte, wie gut der Vermögensstand des Entleihers war. Als aber Wochen um Wochen vergingen, ohne daß der Wucherer Anstalten traf, ihm die Dukaten zurückzubringen, stellte er ihn zur Rede und forderte sein Geld. Der Schuldner tat nun sehr erstaunt und meinte, was er denn wolle, er habe ja längst die fünfzig Dukaten von ihm zurückerhalten. Und bei dieser Behauptung blieb er.
Der Gläubiger war empört und verklagte den falschen Mann beim Rat. Die Gerichtsverhandlung fand statt, und da der Freund keine Schuldverschreibung in Händen hatte, stand Aussage gegen Aussage. Der Richter ließ den Beklagten einen Eid schwören, daß er die besagte Summe dem Kläger zurückgegeben habe. Das tat dieser auch. Ehe er aber die Hand

zum Schwur hob, bat er den Kläger, der neben ihm stand, er möge doch solange seinen Hut und seinen Stock, das war ein schweres Bambusrohr mit Silberknauf, halten. Der tat das, und der Wucherer leistete den verlangten Eid. Daraufhin wurde die Klage abgewiesen. Wie die beiden nach der Verhandlung die Treppe hinuntergingen, konnte der Kläger seinen Grimm nicht mehr zurückhalten und schlug auf den Wucherer ein. Der schlug zurück und wehrte sich mit dem Stock, der dabei zerbrach. Zum Erstaunen aller Umstehenden kullerten fünfzig Dukaten heraus und die Treppenstufen hinunter. Es war klar, der Schuldner hatte einen Schelmeneid geleistet und die Dukaten dem Gläubiger buchstäblich in die Hand gedrückt. Trotzdem wurde sein Verhalten als Meineid gewertet, und eigentlich hätte er gehängt werden müssen. Aber man war sich wohl der Rechtslage nicht ganz sicher, und so wurde er verurteilt, zeitlebens eine seidene Henkersschnur um den Hals zu tragen. Der Scharfrichter von Berlin hatte die Aufgabe, sich einmal im Jahr davon zu überzeugen, daß er diese Schnur auch trug, und der Wucherer mußte ihn noch dafür bezahlen. Kein ehrlicher Bürger wollte mehr durch die Tür hindurchschreiten, durch die der Meineidige gegangen war. Sie mußte zugemauert werden.

Cosmar übermittelte in seinen «Sagen und Miscellen» aus dem Jahre 1831 diese Geschichte als eine wahre Begebenheit, aber es ist daran zu zweifeln, daß sich dieses Geschehen hier in Berlin so zugetragen hat. In Stendal wird nämlich eine ähnliche Sage erzählt, nur der Ausgang ist etwas anders. Der Betrüger erleidet den Tod, weil ihn kurz nach dem Verlassen des Gerichtsgebäudes ein Wagen überfährt, der Spazierstock zerbricht, die Goldstücke kullern heraus und der Betrug wird allen offenbar.

An der Front des alten Rathauses nach der Spandauer Straße zu war noch eine andere Merkwürdigkeit zu sehen. Der schon erwähnte Pfarrer des Heiliggeistviertels, Jacob Schmidt, erklärte in seinen Aufzeichnungen, das eiserne Bildwerk sei das Mindestmaß für die Fische gewesen, die man auf den Markt hätte bringen dürfen, und jeden Fisch, der dieses Maß nicht erreichte, hätten die Fischer wieder in die Spree zurückwerfen müssen. Die Angabe des Pfarrers erscheint glaubwürdig, doch andere Berliner wußten zu erzählen, der eiserne Fisch habe etwas ganz anderes zu bedeuten. Die Spree habe einmal Hochwasser geführt, sei über die Ufer getreten, habe die Straßen in Bäche verwandelt und sei bis in die Stuben gedrungen. Wie hoch das Wasser am Rathaus gestanden habe, das zeigte der Fisch an.

Eine andere Sage, die sich erst relativ spät — um 1750 — herausgebildet hatte, wußte zu berichten, daß der Fisch — es soll ein Hecht gewesen sein — am Rathaus angebracht worden sei, damit bei den Bürgern von Berlin ein schreckliches Geschehen nicht in Vergessenheit gerate.

Der Ring im Fisch

Eine Köchin kaufte einmal an der Fischerbrücke einen Hecht, und wie sie ihm zuhause die Eingeweide entfernte, spürte sie etwas Hartes im Magen und fand einen kostbaren Siegelring. Sie lief mit dem Fund zu ihrer Herrschaft, und die erkannte den Ring. Er gehörte einem Kaufmann, der von einer Reise nach Frankfurt/Oder nicht zurückgekommen war. Pferd und Wagen hatte man herrenlos in einem Wald bei Erkner entdeckt, aber von dem Kaufmann war keine Spur zu finden gewesen. Nun wußte die Köchin ganz genau, von wem sie den Fisch gekauft hatte. Es war ein Fischer vom Störitzsee, der seinen Fang regelmäßig nach Berlin brachte. Man durchsuchte den «Waldkrug», ein Gasthaus am See, und fand im Fremdenzimmer eine ausgeklügelte Menschenfalle. Eine Klappe im Fußboden führte zu einem unterirdischen Wasserarm, der in den See mündete. Der Wirt gestand, daß er so manchen Gast heimlich um die Ecke gebracht habe und erhielt die verdiente Todesstrafe. Der «Waldkrug» zerfiel, denn niemand wollte mehr darin wohnen, und zur Warnung für alle mörderischen Wirte brachte man einen Fisch am Rathaus an.

Diese Sage klingt schon mehr wie eine Moritat und überdies hat sie ein anderes Berliner Sagenmotiv verwertet, das von der Eisernen Jungfrau. Am Berliner Schloß gab es einen sagenumwitterten Turm, einen furchteinflößenden, von dem sich die Leute nur mit leiser Stimme und hinter vorgehaltener Hand die schrecklichsten Dinge erzählten. Es war der «Grüne Hut», der älteste Gebäudeteil des Schlosses, ein Überbleibsel der alten Zwingburg. Grüner Hut hieß er deshalb, weil seine Kupferhaube im Laufe der Zeiten Grünspan angesetzt hatte.

Die Eiserne Jungfrau

Die Kurfürsten von Brandenburg sind nie sehr schonend mit ihren Feinden umgegangen, wenn sie die Macht dazu hatten. Wer in ihre Hände fiel, hoffte vergebens auf eine gerechte Behandlung oder ein ehrliches Gericht. Für solche Fälle gab es im Berliner Schloß eine besondere Hinrichtungsmaschine. Sie war aus Eisen und hatte das Aussehen einer «Jungfrau». Der Verurteilte wurde gezwungen, sie zu küssen. In dem Augenblick, in dem er sie berührte, löste er einen Mechanismus aus. Die «Jungfrau» breitete die Arme aus, um den Unglücklichen zu umschlingen, und zahllose Messer bohrten sich in seinen Körper. Dann öffnete sich eine Falltür, und der zerfetzte Leichnam fiel durch einen Schacht in die Spree, deren Wasser ihn mit sich forttrugen.

Die bürgerliche Geschichtsschreibung bestreitet hartnäckig, daß in dem alten Gemäuer jemals Hinrichtungen stattgefunden hätten. Eines aber ist klar, der Turm war das Gefängnis der Schloßanlage. Erst im November 1648 wurde der Grüne Hut einer anderen Bestimmung zugeführt. Wie Friedrich Nicolai in seiner «Beschreibung der Residenzstädte Berlin und Potsdam...» berichtet, habe der Große Kurfürst damals «resolviert, in seinem Hause kein Gefängnis ferner zu haben, sondern aus dem Grünen Hute Gemächer machen zu lassen».

Abgesehen von fürstlichen Willkür- und Racheakten, auf die die Bürger keinen Einfluß ausüben konnten, hatte sich auch die Rechtsprechung im Laufe der Jahrhunderte gewandelt. Das deutsche Recht, wie es im «Sachsenspiegel» des Eike von Repkow zwischen 1221 und 1224 niedergelegt worden ist, war auch die Grundlage der Rechtsprechung in Berlins Frühzeit. Die Berliner Stadtbücher geben darüber Auskunft. Es wurde vom römischen Recht abgelöst. War das deutsche Recht darauf bedacht, das Strafmaß für ein offensichtliches Verbrechen festzulegen, so ging das römische davon aus, daß der Schuldige aufgespürt werden müsse. Es war ein sogenanntes inquisitorisches Recht und hatte die Einführung der Folter im Gefolge. Eigens hierfür erfundene Maschinen und Instrumente sollten den Angeklagten die schrecklichsten Qualen auferlegen und sie zu einem Geständnis bringen. Schon Anfang des 14. Jahrhunderts wurde die Tortur in Berlin eingeführt, und erst vier Jahrhunderte später schaffte man sie ab. Zu den Peinigungsmitteln gehörte auch die sogenannte «Eiserne Jungfrau», eine aufklappbare Figur, in die der zu Folternde hineingestellt wurde. Beim Schließen des Gerätes bohrten sich die im Innern angebrachten Eisendornen in den Körper. Die Maschinerie wurde aber nur zum Peinigen verwendet und keinesfalls zu Hinrichtungen. In einem Inventarverzeichnis des Magistrats aus dem Jahre 1718 wird sie noch aufgeführt.
Im mittelalterlichen Berlin und auch späterhin konnte sich ein Angeklagter wenig Hoffnung auf einen Freispruch machen. Wer damals in Verdacht geriet, ein Verbrechen begangen zu haben, mußte handgreifliche Beweise seiner Unschuld vorlegen können. War er dazu nicht in der Lage, wurde er so lange gefoltert, bis er gestand, was die Richter hören wollten.

Die drei Linden

In der Klosterstraße wohnten drei Brüder, Peter, Jacob und Hans Halkan, die sich sehr zugetan waren. Von ihren Nachbarn geachtet, führten sie ein friedliches Leben, bis sich etwas Schreckliches ereignete. Es war Markttag in Berlin, und viel Volk drängte um die Buden, Hans Halkan mitten darunter, als plötzlich ein Mann neben ihm zusammenbrach. Hans beugte sich zu dem am Boden Liegenden, um zu sehen, was ihm fehle, und sah zu seinem Entsetzen, daß ein Messer in dessen Rücken steckte. Der Mann war tot. Der Mörder mußte zugestoßen und sich im Gedränge davongemacht haben. Hans Halkan stand neben der Leiche, und so hielt man ihn für den Missetäter und nahm ihn fest. Er beteuerte seine Unschuld, aber man glaubte ihm nicht, und da er auf alles Befragen hartnäckig leugnete, sollte er gefoltert werden. Peter und Jacob Halkan konnten den Gedanken nicht ertragen, daß ihr Bruder nun den ausgeklügelten Grausamkeiten der Tortur ausgesetzt sein würde, und sie gingen unabhängig voneinander zum Gericht, um auszusagen, ihr Bruder sitze unschuldig im Gefängnis, sie hätten die Tat begangen. Als Hans Halkan erfuhr, wessen sich seine Brüder bezichtigten, legte er ein Geständnis ab, weil er nicht wollte, daß sie sich für ihn opferten. Nun hatte der Richter statt des einen Angeklagten, der bisher nichts zugegeben hatte, drei, von denen jeder behauptete, er sei der Mörder. Der Richter wußte nicht, was er machen sollte. Er ging zum Kurfürsten und legte ihm den Fall dar. Der Kurfürst wußte auch nicht, wie zu entscheiden wäre, und verfiel auf einen früher beliebten Ausweg: Ein Gottesgericht sollte sprechen. Zu diesem Anlaß dachte man sich etwas Besonderes aus. Die Brüder wurden geholt, und jeder mußte auf dem Heiliggeistfriedhof eine junge Linde pflanzen, aber mit der Krone ins Erdreich, so daß die Wurzeln in die Luft ragten. Dann wurden sie wieder ins Gefängnis zurückgebracht. Wessen Linde im Frühjahr an den Wurzeln Blätter treiben würde, der sollte als unschuldig gelten.

Als der nächste Frühling kam und alle Bäume und Sträucher im ersten Grün standen, zeigten sich auch an den Linden grüne Blätter. Alle drei Bäume waren angegangen. Das war für das Gericht das Zeichen, daß die Brüder unschuldig waren, und sie wurden nach Hause entlassen. Erst viele Jahre später gestand einer der Halkanschen Knechte auf dem Sterbebett, daß er der Mörder gewesen sei.

Die drei Linden aber wuchsen zu stattlichen Bäumen heran, deren Äste miteinander verflochten waren und ein dichtes Laubdach bildeten, in dessen Schatten die Berliner gern an heißen Sommertagen saßen.

An dem Haus Klosterstraße 87 war früher eine Tafel angebracht, die drei Lindenbäume zeigte und an die alte Sage erinnerte. Die Brüder Halkan hat es gegeben. Das Wappen mit ihren Namen und der Darstellung von drei Krügen ist im Märkischen Museum zu sehen. Auch gibt es ein Aquarell, das 1825 nach einem alten Stich angefertigt wurde und den Heiliggeistfriedhof mit den prächtigen Linden zeigt. Und laut Cosmar ist «aus der Hospitals-Kirchen-Rechnung ersehen worden, daß im Jahr 1623 die Linden mehrerer Stützen benötigt gewesen, da sie sich so über den ganzen Kirchhof gebreitet, daß man ihre Zweige an mehreren Stellen kürzen und an Stangen befestigen mußte».

Der Pfarrer der Heiliggeistkirche, Philipp Jacob Schmidt, der Anfang des 18. Jahrhunderts die alte Sage aufschrieb, beteuerte zwar, die Linden stünden nicht mehr auf dem Kirchhof — und er hätte es ja eigentlich wissen müssen —, aber auf einem Plan des Heiliggeistviertels aus dem Jahre 1701 sind ausdrücklich eingezeichnet «Das Hospital zum Heil. Geist nebst dem Kirchhoff und Drey großen Linden».

Und so stimmt es wahrscheinlich doch, wenn andere Quellen berichten, der Soldatenkönig habe, als im August 1720 der Pulverturm an dem Spandauer Tor in die Luft flog und zahlreiche Häuser der Umgebung und die Garnisonkirche zerstört wurden, den Sommer über unter dem dichten Laubdach der Linden den Gottesdienst für seine Soldaten abhalten lassen.

Den Friedhof gibt es nicht mehr. An die alten Zeiten erinnert die Heiliggeistkapelle, ein rotes gotisches Backsteinkirchlein in der Spandauer Straße, das zum erstenmal im Jahre 1288 urkundlich erwähnt wurde.

Eine bekannte Berliner Sage ist die vom guten bernauischen Bier. Nichts gegen das Bernauer Bier, das weithin einen ausgezeichneten Ruf hatte und in Berlin gern getrunken wurde, aber die Geschichte, so wie sie um die Jahrhundertwende aufgeschrieben wurde, kann in der Zeit, in der sie spielt, nicht entstanden sein.

In Otto Monkes «Berliner Sagen und Erinnerungen» aus dem Jahre 1911 führt sie den Titel «Der Schusterjunge mit der Bierkanne» und beginnt: «Was aus einem Schusterjungen werden kann, zeigt eine lustige (!!) Geschichte, die sich in Berlin zur Zeit des Dreißigjährigen Krieges zugetragen hat.» Obwohl man den Berlinern nachsagt, daß sie auch in den traurigsten Zeiten ihren Humor nicht verlieren, lustige Geschichten hat es wohl kaum zur Zeit des Dreißigjährigen Krieges gegeben. Die Lust zum Possen- und Schwänkeerzählen war den Berlinern vergangen.

Das gute Bernauer Bier

In der Reezengasse, der heutigen Parochialstraße, wohnte zu Beginn des 17. Jahrhunderts ein Schuhmachermeister, der einen Lehrling aus Bernau aufgenommen hatte. Eines Tages schickte er ihn aus, eine Kanne Bernauer Bier zu holen. Der Junge nahm die Kanne, da er aber nicht wußte, daß auch in Berlin Bernauer Bier ausgeschenkt wurde, wanderte er durch das Tor nach Bernau. Als er des Abends dort ankam, wurde er kräftig ausgelacht, und man machte ihm klar, daß er sich den Weg hätte sparen können. Am nächsten Morgen lief er mit der gefüllten Kanne nach Berlin zurück, und je näher er der Stadt kam, um so banger wurde ihm zumute. Meister und Meisterin waren mit Prügeln schnell bei der Hand und der Empfang, der ihm drohte, würde alles andere als freundlich sein. So beschloß er, gar nicht mehr zu seinem Lehrherrn zurückzugehen. Er grub die Kanne mit dem Bier sorgfältig am Wegesrand ein, bedeckte sie mit Steinen und lief in die weite Welt. Soldaten griffen ihn auf, das ungebundene Leben unter freiem Himmel gefiel ihm, und nach einigen Jahren hatte er es bis zum Rittmeister gebracht. Eines Tages führte ihn das Kriegsgeschehen wieder nach Berlin. Er ging zu seinem ehemaligen Meister, ließ sich ein Paar Stiefel anmessen und fragte nach dem Lehrjungen, den sie gehabt hätten. Die Meistersleute hatten nicht viel Gutes von ihm zu erzählen. Er sei ein nichtsnutziger Junge gewesen, der sie um eine schöne Zinnkanne gebracht hätte, und aus dem wohl nichts Rechtes geworden wäre. Da gab sich der Rittmeister zu erkennen. Die beiden Alten wollten es kaum glauben, was für ein stattlicher Herr aus ihrem Lehrling geworden war. Sie gingen alle drei zu der Stelle, an der der Junge die Kanne vergraben hatte, und wirklich, wohlerhalten kam sie unter den Steinen zum Vorschein. Das Bier hatte zwar eine dünne Haut gebildet, aber es war mit den Jahren besonders wohlschmeckend geworden.

Die Zeit des Dreißigjährigen Krieges war eine Zeit schrecklicher Leiden für die Mark Brandenburg. Kurfürst Georg Wilhelm war ein willensschwacher, unentschlossener Mensch, der es mit keiner Seite verderben wollte, mit dem Kaiser nicht und nicht mit den Schweden. An deren Seite hätte er als Bekenner des reformierten Glaubens eigentlich gehört. Außerdem war Gustav Adolf sein Schwager, aber er lavierte zwischen den Parteien. Seine Bemühungen um Neutralität hatten zur Folge, daß beide kriegführenden Heere die Mark Brandenburg als Feindesland ansahen und mordend, plündernd und brandschatzend von Ort zu Ort zogen.
Als sich 1640 die Schweden Berlin näherten, ließ der Günstling des Kur-

fürsten, Graf Adam Schwarzenberg, die Häuser in den Vorstädten abbrennen. Eine völlig überflüssige Maßnahme, denn die Befestigungsanlagen waren so vernachlässigt und verwahrlost, daß die Bürger ihre Stadt sowieso nicht hätten verteidigen können. Berlin hatte nun wieder die gleiche Ausdehnung wie im Mittelalter. Hungersnot und Seuchen dezimierten die Bevölkerung. Vor dem Krieg zählte Berlin-Cölln zwölftausend Einwohner, 1648 waren es nur noch halb soviel. In Berlin standen noch 845 Häuser, davon waren zweihundert bewohnt, d.h. die anderen waren zwar zum großen Teil bewohnbar, aber es gab keine Menschen, die sie hätten beziehen können.
Der Haß des Volkes richtete sich gegen den Grafen Schwarzenberg. Ihm gab man die Schuld an allen Leiden, ihn hatte man täglich vor Augen – sein Palais stand in der Brüderstraße —, während der Kurfürst sich nach Ostpreußen zurückgezogen und in Sicherheit gebracht hatte. Georg Wilhelm war nicht der erste und nicht der letzte Hohenzollernfürst, der sich in Notzeiten dort aufhielt. Wozu hatte man denn dieses Land, das so schön weitab vom Schuß lag?
Friedrich Wilhelm, den die bürgerliche Geschichtsschreibung mit dem Namen Großer Kurfürst bedachte, übernahm 1640, zwanzigjährig, ein schweres Erbe: ein verwüstetes, entvölkertes Land. Auch hatte er zunächst keinesfalls die Regierungsgewalt in der Hand. Der wahre Regent Brandenburgs war Schwarzenberg. Friedrich Wilhelm war klug genug, den Minister im Amt zu lassen, und das Glück war ihm günstig. Der verhaßte Statthalter starb im März 1641 an einem Schlaganfall. Sein Körper wurde einbalsamiert und in der Spandauer Nikolaikirche beigesetzt. Der Sage nach fand er ein gewaltsames Ende.

Der heimlich Enthauptete

Friedrich Wilhelm, der nachmalige Große Kurfürst, hatte genug von der Verräterei Schwarzenbergs, seines Statthalters, der nur darauf sann, das Land Brandenburg dem Kaiser in die Hände zu spielen. Da der Kurfürst aber fürchtete, ein offenes Gericht würde die noch zahlreichen Anhänger Schwarzenbergs und die auf den Kaiser vereidigten Truppen in Aufruhr bringen, beschloß er, sich heimlich seiner zu entledigen. Eines Nachts drangen vermummte Gestalten in Schwarzenbergs Palais in der Brüderstraße ein, überwältigten die Wachen, zerrten den Minister aus dem Bett und führten ihn mit sich fort. In einer Kutsche mit verhängten Fenstern ging es dann zum Spandauer Tor hinaus, über Stock und Stein bis zu einem Waldgelände bei Spandau. Dort wartete schon das Femegericht. Die Anklage wurde verlesen und der Minister für schuldig erklärt, seinen Herrn und Kurfürsten verraten zu haben. Das Todesurteil wurde sofort vollstreckt. Man legte ihm den Kopf zwischen die Füße. Die Leiche wurde wieder in die Brüderstraße zurückgebracht und ins Bett gelegt. Am nächsten Morgen wurde offiziell bekanntgegeben, der Minister Schwarzenberg sei eines normalen Todes gestorben. Mit allen Ehren wurde er in der Spandauer Nikolaikirche bestattet.

In jenen Zeiten war es nichts Außergewöhnliches, daß die Fürsten nach Willkür mit dem Leben ihrer Untertanen umgingen. Wer gegen den Herrscher opponierte, wurde beseitigt. So ließ der Große Kurfürst den ostpreußischen Adligen von Kalckstein, der sich in Polen aufhielt, von verkleideten brandenburgischen Dragonern festnehmen, in einen Teppich gewickelt über die Grenze bringen und in Memel hinrichten. Der Königsberger Patrizier Roth wurde ohne Gerichtsurteil von 1662 bis zu seinem Tode 1672 in der Festung Peitz gefangengehalten.
So ist es verständlich, daß sich das Gerücht, Schwarzenberg sei enthauptet worden, hartnäckig hielt und zu einer Sage umformte, die in einigen Geschichtsbüchern Aufnahme fand.
1777 war Ernst Ludwig Heim, Papa Heim, wie ihn die Berliner später liebevoll nannten, Stadtphysikus von Spandau. Er untersuchte den Leichnam und stellte fest, daß sämtliche Halswirbel unverletzt waren, eine Ent-

hauptung also nicht stattgefunden haben konnte. Aber daß in Zeiten des Unrechts und der Gewalt eine solche Sage entstand, kann niemanden verwundern.

In seiner langen Regierungszeit — er starb 1688 — setzte Friedrich Wilhelm die politische Entmündigung der Stände durch, rief eine zentrale Verwaltung ins Leben, begründete ein stehendes Heer und schuf so die Grundlagen für den absolutistischen Militärstaat Brandenburg-Preußen. Im Soldatenmilieu dieser Jahre spielt eine weitere Sage.

Schicksalswürfel

Der Küster der Berliner Nikolaikirche hatte eine bildschöne Tochter, um die sich ein Korporal und ein Musketier bewarben. Während das Mädchen den Korporal nicht ausstehen konnte, mochte es den andern gern leiden und traf sich öfter heimlich im Garten mit ihm. Eines Tages überraschte der Abgewiesene seinen glücklichen Nebenbuhler mit dem Mädchen, und blind vor Zorn und Eifersucht schoß er die Küsterstochter nieder. Sie war auf der Stelle tot. Auf den Schuß hin kamen der Küster und einige Nachbarn in den Garten gestürzt, und da sie den Musketier bei der Toten knieen sahen, hielten sie ihn für den Mörder. Da der aber aus Leibeskräften rief, Korporal Thiele sei der Täter, sie sollten ihn um Gottes Willen nicht entkommen lassen, so liefen einige Männer los und holten an der nächsten Straßenecke den Korporal ein. Musketier und Korporal wurden arretiert. Es stand fest, daß jeder der beiden vor kurzem aus seinem Gewehr einen Schuß abgegeben hatte, denn der Freund des Mädchens war vorher auf Entenjagd gewesen, doch leugneten beide mit allem Nachdruck, mit dem Mord etwas zu tun zu haben. Der Küster konnte nur aussagen, daß sich beide um seine Tochter beworben hätten. Dem Richter war klar, daß einer der beiden der Mörder sein müsse, aber welcher, das wagte er nicht zu entscheiden. Er ordnete deshalb an, sie sollten um ihr Leben würfeln. Unter dem Galgen vor dem Georgentor wurde eine große Trommel aufgestellt, auf deren Fell zwei Würfel lagen. Das Gericht war zugegen, auch einige Männer vom Rat, und eine große Volksmenge war zusammengeströmt, die dem Ereignis beiwohnen wollte. Korporal Thiele nahm die Würfel zur Hand und ließ sie über das Kalbfell rollen. Er warf zwölf Augen, den höchsten Wurf. Triumphierend schaute er um sich. Er hielt sein Leben für gerettet, denn es schien unwahrscheinlich, daß sein

Nebenbuhler ebensoviel erzielen würde. Der nahm die Würfel und — dreizehn Augen lagen auf der Trommel. Einer der Würfel war zersprungen, und neben den beiden Sechsen lag noch eine Eins. Da brach der Korporal zusammen und gestand seine Schuld, und mit Recht konnte ihn der Richter dem Henker übergeben.

Erwiesen ist, daß im Jahre 1672 zwei Soldaten, die eines Diebstahls angeklagt waren, unter dem Galgen um ihr Leben würfeln mußten.

Auch die nächste Sage, deren Geschehen sich gleichfalls Ende des 17. Jahrhunderts zugetragen haben soll, hat das Gottesgerichtsmotiv zum Inhalt. Sie ist nicht die einzige ihrer Art. Die Berliner Bürger hatten ihre Erfahrungen mit dem Justizapparat des preußischen Staates gemacht und wußten, daß Arme nur sehr selten Recht bekamen. Und wenn in vielen Sagen, der Realität entsprechend, der Unschuldige nicht zu retten ist, so gibt es doch hinterher Zeichen und Wunder, die die Wahrheit an den Tag bringen.

Die drei Blutstropfen

In der Lindenstraße zu Berlin stand ein Brauhaus. Dort wurde gutes Bier ausgeschenkt, aber der Brauherr war ein mürrischer und herrschsüchtiger Mann und wenig beliebt bei Nachbarn und Gästen. Sein verarmt gestorbener ehemaliger Lehrherr hatte die einzige Tochter mittellos zurückgelassen, so daß jener nichts anderes übrig blieb, als in der Lindenstraße sich als Schenkmädchen zu verdingen. Sie war schön und freundlich, und mehr Gäste als früher kamen in das Brauhaus. Auch dem Brauherrn gefiel das Mädchen, und weil es von ihm abhängig war, glaubte er, daß nicht viel Umstände nötig wären, um sie zu zwingen, ihm zu Willen zu sein. Als er ihr Gewalt antun wollte, konnte sich das Mädchen durch einen Sprung aus dem Fenster retten. Dabei verletzte es sich leicht, und drei Blutstropfen fielen auf das Pflaster des Hofes.

In seiner Wut und Enttäuschung faßte der Brauherr den Plan, das Mädchen zu vernichten. Er ging zu Gericht und zeigte an, er sei bestohlen

worden und habe seine entflohene Magd im Verdacht. Die Gerichtsdiener durchsuchten die Kammer des Mädchens und fanden unter ihrem Strohsack den angeblich gestohlenen Beutel mit Goldstücken. Das galt als Beweis, und so wurde die junge Magd zum Tode verurteilt, obwohl sie wieder und wieder ihre Unschuld beteuerte und viele Gäste und Nachbarn ihr die Tat nicht zutrauen mochten.

Das arme Mädchen endete am Galgen, aber die Blutstropfen auf dem Hofe des Brauhauses wollten nicht verschwinden. Kein Regen wusch sie ab. Der Brauherr ließ die Mägde tüchtig scheuern. Da auch das nichts half, mußten die Knechte das Blut von den Steinen kratzen und schließlich die Steine herausbrechen. Als das geschehen war, erschienen die drei Blutstropfen in kräftigem Rot auf der weißgetünchten Vorderwand des Hauses, die Unschuld des Mädchens anzeigend. Wahnsinn packte den Brauer. Er kletterte aus dem Fenster, um die verräterischen Blutflecke selbst zu entfernen. Dabei stürzte er ab und brach sich den Hals. So fand er seine verdiente Strafe.

Um das entvölkerte Land wieder zu peuplieren, wie man damals sagte, holte der Große Kurfürst unter günstigen Bedingungen Ausländer in die Mark Brandenburg. Zuerst Niederländer — seine erste Frau war eine holländische Prinzessin, und er selbst war zeitweise in den Niederlanden erzogen worden —, dann 1671 Wiener Juden, die aus Österreich vertrieben worden waren, und 1685, nach der Aufhebung der Religionsfreiheit in Frankreich, gewährte er den Hugenotten Zuzug.
In Berlin wohnten die Hugenotten vornehmlich in der Dorotheenstadt, später in der Friedrichstadt. Die Französische Straße und der Französische Dom weisen darauf hin. Die Einwanderer erhielten das Bürgerrecht und durften eigene Schulen, Kirchen, Armenhäuser und Spitäler unterhalten. Handel und Wandel in Berlin und anderen Städten der Mark Brandenburg entwickelten sich, da die Neuankömmlinge mancherlei neue Handwerkszweige und Methoden der Fertigung einführten.

Die Jungfernbrücke

Zu der Zeit, als Kurfürst Friedrich Wilhelm die Hugenotten ins Land gerufen hatte, sollte ein junges schönes Mädchen einen älteren reichen Mann heiraten. Aber die Jungfer mochte nichts davon wissen, weil sie sich in einen Burschen ihres Alters verliebt hatte. So setzte sie den beharrlichen Werbungen und begehrlichen Reden des Alten nur spöttische und abweisende Worte entgegen.
Eines Morgens nun zog man die Leiche des Mädchens aus der Spree und stellte fest, daß es nicht ertrunken, sondern erst erwürgt und dann ins Wasser geworfen worden war. Der Verdacht fiel auf den jungen Freund der Ermordeten, und bald fand sich auch ein Zeuge — es war der abgewie-

sene alte Liebhaber —, der aussagte, er habe die beiden den Abend vorher an der Brücke gesehen. Sie hätten gestritten, und dann habe der Bursche das Mädchen gewürgt und in den Fluß geworfen. Der junge Mann beteuerte seine Unschuld, aber man glaubte ihm nicht, und das Todesurteil war ihm sicher. Da meldete sich ein alter blinder Mann, der in einem kleinen Haus an der Brücke wohnte und an Schlaflosigkeit litt. In lauen Sommernächten, wenn er keine Ruhe fand, stellte er sich ans Fenster. Sehen konnte er zwar nichts, aber er genoß die klare Luft, die von der Spree her wehte, und hörte auf die Geräusche der Nacht. Zur fraglichen Zeit hatte er einen Streit zwischen einem Mädchen und einem Mann wahrgenommen. Er erklärte aber, das sei keine junge Männerstimme gewesen, die er gehört habe, sondern die eines älteren Mannes, rauh und knarrend, eine ganz eigentümliche Stimme. Er würde sie unter tausend anderen heraushören können. Man holte also noch einmal den Beschuldigten zum Verhör, und der erste Zeuge schilderte seine Beobachtungen. Kaum hatte er aber ein paar Worte gesprochen, als der Blinde laut ausrief: «Das ist die Stimme! Ich will nicht selig werden, wenn ich sie nicht wiedererkenne.» Für das Gericht war damit der wahre Schuldige ermittelt worden, und man ließ den jungen Burschen frei. Und weil es eine Jungfer war, die man da ermordet und in die Spree geworfen hatte, nannte man von diesem Tage an die Brücke Jungfernbrücke.

Die zweite Geschichte über die Brücke weiß nichts von Mord und Totschlag.

Die Jungfern an der Brücke

Die Hugenotten waren geschickte Handwerker. Unter ihnen gab es eine Weißnäher-Familie namens Blanchet, die sich auch auf das Klöppeln verstand. Alle Blanchets waren sehr fleißig und stellten die bei den Begüterten damals so beliebten Hemden mit Spitzenjabots und -manschetten her. Die neun erwachsenen unverheirateten Töchter hatten ihren Stand an der Spreebrücke aufgeschlagen, boten ihre Ware feil und machten gute Geschäfte.
Doch kam man zu den Jungfern nicht nur, um Spitzen und Hemden zu kaufen. Sie standen in dem Ruf, die größten Klatschbasen von Berlin und Cölln zu sein. Wenn jemand sich über einen anderen informieren wollte, dann ging er zu den Blanchet-Töchtern, kaufte etwas, oder tat so, als ob er kaufen wollte, und brachte so nebenbei das Gespräch auf die betreffende Familie. Und nun erzählten ihm die Demoisellen alles, was sie wußten,

und noch ein bißchen mehr. Von diesen klatschhaften Jungfern soll die Brücke ihren Namen haben.

Ob man nun der Moritat oder der Hugenottenreminiszenz den Vorrang gibt, die alte Zugbrücke aus dem Jahre 1798, die älteste existierende Brükke unserer Stadt, sieht aus, als ob sie noch viele Geschichten aus dem alten Berlin wüßte. Wahrscheinlich hat bei der Namensgebung für die Brücke die Erinnerung an das Cöllner Frauenhaus eine Rolle gespielt, das in der Spreegasse, der heutigen Sperlingsgasse, lag. Obwohl es natürlich keine Jungfrauen waren, die da den Junggesellen der Zünfte zur Verfügung standen. Aber immerhin waren es junge Frauen.

Nach der Auffassung der ehrsamen Bürger im Mittelalter waren Frauenhäuser eine segensreiche Einrichtung, «dienlich zur besseren Bewahrung der Ehe und der Ehre der Jungfrauen». Sie waren für die zahlreichen Handwerksgesellen geschaffen worden, die nach der strengen Zunftordnung keine Gewerbeerlaubnis bekommen konnten und deshalb ehelos bleiben mußten. Ehemännern, Wenden und Juden war der Besuch der Frauenhäuser in Berlin und Cölln — das Berliner lag in der Rosenstraße — verboten. In der Praxis kümmerte man sich aber wenig darum, denn auch die verheiratete Männerwelt suchte Abwechslung und Genuß. Bei Ehemännern und Wenden drückte man also beide Augen zu, während Juden, die im Mittelalter sehr sittenstreng lebten, sich an ihre Gesetze und Vorschriften hielten und alles vermieden, was Aufsehen erregen und einen Pogrom hätte veranlassen können.

Unter Kurfürst Friedrich III., dem späteren König Friedrich I., gewann Berlin langsam das Aussehen einer Residenzstadt. Die Spree wurde teilweise eingedämmt, die Lange Brücke, die heutige Rathausbrücke, aus Stein gebaut. Es entstanden das Zeughaus, das heute das Museum für Deutsche Geschichte beherbergt, der Neue Marstall, in dessen Obergeschoß die Akademie der Wissenschaften ihren Sitz hatte, während sich unten die Ställe befanden — «Musis et Mulis» (Musen und Maulesel), sagten die spottlustigen Berliner —, und das Gießhaus hinter dem Zeughaus. Zu dieser Zeit taucht auch zum ersten Mal der Name «Spreeathen» für Berlin auf.

Die Lange Brücke, bis dahin eine unansehnliche Holzbrücke, wurde nun von dem Baumeister Nering unter Mitsprache Andreas Schlüters aus pirnaschen Quadersteinen erbaut. Ein Hauptwerk Schlüters zierte sie: das Denkmal des Großen Kurfürsten. 1703, zum Geburtstag des Königs, dessen Lieblingsbeschäftigung es war, Feste zu feiern, wurde das Standbild feierlich mit allem Pomp enthüllt.

Andreas Schlüters Tod

Der große Barockbaumeister und Bildhauer Andreas Schlüter war mit dem Reiterstandbild des Großen Kurfürsten, das er geschaffen hatte, außerordentlich zufrieden. Eines Tages stand er wieder auf der Langen Brücke, die nun Kurfürstenbrücke hieß, um sein Werk zu bewundern, und sagte: «Das ist nicht nur mein bestes Werk, sondern das größte Kunstwerk, das je geschaffen wurde. Kein Neider kann daran auch nur den kleinsten Fehler finden.» Neben Schlüter stand einer seiner Schüler, der unbegabteste von allen, der aber gerade deshalb seinem Meister den Ruhm mißgönnte. Er lächelte nur höhnisch und meinte: «Kein Kurfürst noch König, niemand könnte auf so einem Pferd reiten. Am rechten Vorderhuf fehlt ja das Hufeisen.» Schlüter fühlte sich durch diesen Vorwurf tief getroffen und stürzte sich voller Verzweiflung von der Brücke in die Spree. So fand er unter seinem Werk in den Wellen des Flusses den Tod.

Die Reiterfigur, die auf der Brücke stand, hat heute ihren Platz vor dem Charlottenburger Schloß. Im Vorsaal des Bodemuseums ist ein Zweitguß auf originalem Sockel zu sehen. Andreas Schlüter hat nicht im Wasser der Spree den Tod gefunden, er starb im Jahre 1714 in Petersburg an der Pest.

Friedrich III. hatte das alte Renaissanceschloß zu Cölln für seine Ansprüche nicht repräsentativ genug gefunden. Um seinem Geltungsbedürfnis zu genügen, sollte ein prächtiger Neubau geschaffen werden, mit dessen Leitung er Andreas Schlüter betraute. Also wurden die Gebäude am Lustgarten niedergerissen. In dem dort zu errichtenden Flügel des Schlosses wünschte der Kurfürst seine Zimmer zu haben, neben denen die Empfangs- und Festräume liegen sollten.
Als 1701 Friedrich III. als König Friedrich I. aus Ostpreußen zurückkam, war er im großen und ganzen mit dem Schloßbau zufrieden, aber die Repräsentationsräume, die ihm so sehr am Herzen lagen, waren ihm nicht weitläufig genug. Schlüter mußte seinen Plan ändern, und nun fielen auch die Stallgebäude und der Turm, in dem sich die Bewässerungsanlage für die Fontänen des Lustgartens befand. Seit über zwanzig Jahren wurde er von der königlichen Münze genutzt und hieß allgemein der Münzturm. Den Schloßneubau sollte ein sehr viel höherer, prächtiger Turm krönen, für dessen Spitze der König bereits ein Glockenspiel in Holland bestellt hatte. Die Glocken trafen ein, aber von diesem Turm sollten sie nie erklingen.
Bei allen Bauten Berlins, die außerhalb des alten Stadtkerns ausgeführt

wurden, hatte es schon immer Probleme mit den Fundamenten gegeben, bei den großen Prachtbauten ebenso wie bei den Bürgerhäusern. Die Bodenverhältnisse waren denkbar ungünstig: weit und breit nur Sumpfgelände oder Flugsand. Lag es nun an dem ungünstigen Baugrund, oder daran, daß Schlüter die Statik nicht richtig berechnet hatte, im Mauerwerk des Schloßturms zeigten sich kleine Risse. Schlüter ließ den Fuß des Turmes mit dicken Mauern ummanteln, doch das nutzte nichts. Selbst als man Eisenklammern und Stützen einzog, je höher das Bauwerk emporwuchs, um so deutlicher wurde die Einsturzgefahr. Schlüter ließ nicht weiterbauen, sondern das bereits ausgeführte Mauerwerk abtragen. Damit hatte er sich ein für allemal die Gunst des Königs verscherzt. Eosander von Göthe wurde an seiner Statt zum Schloßbaudirektor ernannt. Trotz dieser Kränkung blieb Schlüter in Berlin. Erst als der amusische und geizige Friedrich Wilhelm I. 1713 die Regierung übernahm, ging Schlüter nach St. Petersburg. Seine reifsten Werke hatte er in der preußischen Hauptstadt geschaffen.

Im Jahre 1695, als der Bau des Zeughauses begann, wurde auch der erste Stein für den Bau einer reformierten Kirche gelegt, der Parochialkirche in der Klosterstraße. Das Gebäude konnte schon 1703 für den Gottesdienst genutzt werden, während der Turm erst 1713 vollendet wurde. In einem Raum des Schlosses stand immer noch ungenutzt das holländische Glok-

kenspiel, denn der gewitzte Eosander von Göthe hatte sich erst gar nicht auf das Wagnis eines Turmbaus auf sumpfigem Gelände eingelassen. Da zur Parochialkirche eine Gemeinde gehörte, die dasselbe Glaubensbekenntnis wie der Hof praktizierte, so erhielt sie das Glockenspiel zum Geschenk. Aber offenbar war den anspruchsvollen Berlinern das, was es ihnen bot, nicht genug, und da den Barockturm viel steinerner Zierat, u.a. auch löwenartige Gebilde, schmückte, erzählte man sich bald, die Löwen hätten früher einmal mit der «Singuhr» in Verbindung gestanden und durch Brüllen die Zeit angegeben.

Die Singuhr in der Klosterstraße

Die Singuhr der Parochialkirche war berühmt, weit über Berlin und die Mark Brandenburg hinaus. Viele Reisende kamen in die Stadt, nur um dieses herrliche Kunstwerk zu hören, und ließen ihr Geld in den Wirtshäusern und Geschäften der Residenz. Deshalb war der Bürgermeister Berlins peinlich überrascht, als er eines Tages hörte, der Meister, der diese Spieluhr geschaffen hatte, sei dabei, eine ähnliche Uhr für eine andere Stadt anzufertigen. Der Uhrmacher wurde vor den Rat zitiert, und man erinnerte ihn an seinen Eid, niemals ein zweites Kunstwerk dieser Art zu bauen. Aber er wollte nichts davon wissen und erklärte, er müsse seinem Gewerbe nachgehen, und die neue Singuhr werde noch viel prächtiger als die erste werden. Die Ratsherren waren ergrimmt, und da sie nicht wollten, daß eine andere Stadt eine gleichwertige Attraktion besäße, ließen sie dem Meister kurzerhand die Augen ausstechen. Nun bestand keine Gefahr mehr, daß er je wieder ein Glockenspiel werde herstellen können. Der arme geblendete Mann hatte eine letzte Bitte: Er wollte auf den Turm geführt werden, um sein Werk noch einmal ganz aus der Nähe anzuhören. Der Rat gab seinem Ersuchen statt, und so führte einer seiner Gesellen den Blinden die steilen Treppen des Turms empor. Kurz nachdem sie in der Turmspitze angelangt waren, kündete die Spieluhr die volle Stunde an, und die Löwen brüllten. Sie hatten zum letzten Mal gebrüllt. Der Meister hatte etwas am Räderwerk verändert, die Spieluhr war entzwei. Vergebens rief der Rat die besten Uhrmacher Berlins, vergebens ließ er berühmte Meister aus anderen Orten kommen, keiner konnte den Fehler entdekken und beheben. Die Löwen blieben für alle Zeiten stumm.

1713 war das Jahr des Regierungsantritts Friedrich Wilhelms I. Bis 1740 regierte dieser König, der bei seinen Zeitgenossen Mißfallen und Abscheu

erregte, und den man verächtlich den «Korporal auf dem Thron» nannte. Unter seiner Herrschaft erlangte der preußische Militarismus seine stärkste Ausbildung. Für die Künste zeigte Friedrich Wilhelm wenig Interesse und ließ ihnen schon gar keine Förderung angedeihen, obwohl er selber, allerdings nur, wenn ihn die Gicht plagte, Ölgemälde anfertigte. Die Wissenschaften hielt er für nutzlosen Zeitvertreib, soweit sie nicht, wie die Medizin, für die Armee notwendig waren. Der Akademie der Wissenschaften zu Berlin entzog er jegliche Unterstützung, und gelehrte Männer mußten, wenn sie ihr Gehalt weiter beziehen wollten, den Hofnarren bei ihm spielen. Und doch gibt es über diesen König folgende Sage:

Der Neidkopf

Friedrich Wilhelm I., der Soldatenkönig, wie man ihn auch nannte, spazierte öfters durch die Straßen von Berlin. In der Heiliggeiststraße fiel ihm auf, daß ein Mann, der in einem armseligen kleinen Haus wohnte, immer fleißig bei der Arbeit war. Eines Tages fragte er den Mann, warum er und seine Familie so einen dürftigen Eindruck machten, obwohl er doch anscheinend nicht faul sei. Der Mann erklärte dem König, er sei ein Goldschmied, aber arm und habe eine große Familie zu ernähren. Er könne das teure Edelmetall, das er für sein Gewerbe brauche, nicht kaufen und müsse halt jede Arbeit annehmen, die sich ihm biete. Meistens mache er Reparaturen, die nicht viel einbrächten. Da gab der König bei dem armem Goldschmied ein Tafelservice in Auftrag und ließ das Gold dafür aus seinem Schatz anweisen.

Die Arbeit wurde zur Zufriedenheit des Königs ausgeführt, und wie das so geht, da der Goldschmied die Gunst des Herrschers hatte, kamen adelige Herren aus seiner Umgebung und bestellten Tafelgeräte und Schmuck. Der Goldschmied war fleißig und geschickt in seinem Beruf, und er war bald kein armer Mann mehr. Der König hatte ihn aber nicht aus den Augen verloren und schaute öfters bei ihm hinein. Bei diesen Besuchen bemerkte er, daß in einem stattlichen Haus gegenüber zwei Frauenspersonen zum Fenster herausschauten und immer, wenn sich von der Familie des nun nicht mehr armen Goldschmieds jemand blicken ließ, unter Grimassen die Zungen herausstreckten. Das waren Frau und Tochter eines reichen Goldschmieds, die sich grün und blau ärgerten über die guten Geschäfte ihres vorher so verachteten armen Nachbarn und ihrem Neid auf diese Weise Luft machten.

Der König befahl seinem Schützling, sich ein neues Haus zu bauen, und als es fertig war, steuerte er einen Fassadenschmuck bei: Er ließ an der Vorderfront einen häßlichen fratzenhaften Frauenkopf einmeißeln. Die mißgünstigen Frauen sollten ihr eigenes Konterfei erblicken, wenn sie aus dem Fenster schauten.

Dieses Bildwerk wurde im Volksmund «Der Neidkopf» genannt und befand sich an dem Haus der Heiliggeiststraße 38, das im zweiten Weltkrieg bei einem Bombenangriff zerstört wurde. Der Neidkopf konnte gerettet werden und ist im Märkischen Museum zu besichtigen.

An dieser Sage, die einen leutseligen König, einen Förderer und Tröster der Armen schildert, ist nur eines wahr: Friedrich Wilhelm ging oft durch die Straßen Berlins, sehr zum Leidwesen seiner Untertanen. Er war ein sehr jähzorniger Herr, den noch dazu die Gicht plagte, und die Berliner fürchteten ihn wie die Pest. Außerdem war er geizig. Geld gab er nur für eine einzige Sache der Welt aus, für Soldaten. Seine «Langen Kerls» ließ er für das Potsdamer Leibregiment in allen Ländern Europas aufkaufen. Er kaufte Menschen! Für einen sechs Fuß, also 1,88 Meter großen Mann zahlte er etwa tausend Taler.

Man erzählte sich, daß er nachts durch das Berliner Schloß ging, und wenn in einem Gang zwei Kerzen brannten, dann löschte er eine davon aus, weil er meinte, eine genüge vollkommen, um den Flur zu erhellen. Er hat in Berlin auch kein einziges großes Gebäude errichten lassen,

wie sein Vater oder sein Sohn. Doch die Berliner Bürger, die mußten bauen, ob sie wollten oder nicht, denn er brauchte Quartiere für seine Soldaten, die damals noch nicht kaserniert waren. Der König befahl: «Der Kerl hat Geld, soll er bauen!» Dagegen war nichts zu machen.
Wie schon erwähnt, fester Boden ließ sich nur auf den beiden Spreeinseln finden, darüber hinaus gab es Sumpf und Sand. Darauf läßt sich schlecht bauen — auch heute noch. Ein tragfähiges Fundament stellte man damals so her: Man rammte dicke Baumstämme in den schlechten Boden und verband sie mit Eisenklammern untereinander. Eine kostspielige Sache! Kein Wunder, daß die Berliner auf Sumpfgelände nicht bauen wollten. So ein Fundament zu legen, kostete oft an die zehntausend Taler. Das Haus aber, das man darauf errichtete, hatte nur einen Wert von zweitausend Talern. Daß die Bauherren arm dabei wurden, kümmerte den König nicht. So wuchsen unter Zwang die Häuser in den schnurgeraden Straßen der Friedrichstadt in die Höhe. Sie waren zweistöckig und sahen nüchtern, ja zum Teil trostlos aus, denn man ließ nur das unbedingt Nötige ausführen und sparte jeden Schmuck und jede Verzierung. Von diesen alten Häusern steht heute keines mehr.
Durch die so entstehende Friedrichstadt ging der Soldatenkönig fast jeden Tag, um sich von dem Fortgang der Bauarbeiten zu überzeugen. Wer ihn von weitem kommen sah, flüchtete, denn er fürchtete nicht ohne Grund den Jähzorn des Königs, der wild drauflos prügelte, wenn er auf seine Fragen nicht die erwartete Antwort bekam. Die Berliner hatten eine Art Warnsystem ausgetüftelt: Wer ihn zuerst aus dem Schloß kommen sah, fing an zu pfeifen. Dieses Pfeifen wurde von Straße zu Straße weitergegeben, und wer nicht unbedingt unterwegs sein mußte, verkroch sich in seinem Haus.
Einmal konnte ihm ein Berliner in einer engen Gasse nicht ausweichen. Er versuchte noch, sich davonzumachen, doch vergebens. Friedrich Wilhelm schickte seine Begleiter, ließ den Mann greifen, vor sich führen und schrie ihn an: «Warum versteckt Er sich!» Der Mann sagte zitternd und wahrheitsgemäß: «Ich habe Angst, Majestät.» Da lief der König vor Wut rot an, drosch auf den Ärmsten mit seinem Stock ein und brüllte: «Ihr sollt mich nicht fürchten, sondern lieben!»
Die Berliner atmeten auf, als er 1740 starb, und wenig hat gefehlt, daß sie Freudenfeste gefeiert hätten.
So also war der König beschaffen, der — der Sage nach — dem armen Goldschmied in der Heiliggeiststraße zu Wohlstand und Ansehen verholfen haben soll. Die Sage vom «Neidkopf» ist in königstreuen Kreisen entstanden, um das Ansehen des Soldatenkönigs nachträglich aufzuwer-

ten und dem Herrscherhaus einen Dienst zu erweisen.
Das Haus, von dessen Fassade der Neidkopf seine Zunge herausstreckt, war zur Zeit des Soldatenkönigs gebaut worden, das fratzenhafte Frauenporträt dagegen ist sehr viel älter. Wahrscheinlich wurde es um 1500 über einem Torbogen angebracht, um — wie man hoffte — Diebe oder anderes Gesindel abzuschrecken. Es war ein sogenanntes Abweisebild. Solche Schreckbilder oder Fratzensteine sind noch in einigen anderen Orten der Mark Brandenburg erhalten geblieben. Nahe bei Berlin, in Kleinmachnow, gibt es ein «Schlangenhaupt», es befindet sich über dem Torbogen der ehemaligen Hakeburg.

Andere Sagen aus der Zeit Friedrich Wilhelms vermitteln ein Bild, das der Realität entspricht, sie erzählen von den Leiden und Nöten des Volkes.

Der Schimmel auf dem Wall zu Potsdam

Längs der Havel hatte Friedrich Wilhelm I. einen breiten und tiefen Graben ziehen und dahinter einen Wall errichten lassen. In gewissen Abständen standen Beobachtungsposten auf dem Wall, um die Soldaten der Potsdamer Garnison am Desertieren zu hindern. Früher war es manchem Deserteur gelungen, nachts die Havel zu durchschwimmen und sich über die nahe sächsische Grenze zu retten. Die Soldaten dienten nicht freiwillig in der preußischen Armee. Werber des Königs zogen durch das ganze Land, um großgewachsene Männer mit List und Gewalt in den Soldatendienst zu pressen.
Einmal fiel ein junger Busche aus Baruth den Werbern in die Hände. Er hatte in seinem Heimatort friedlich in der Schenke gesessen, als fremde Reisende eintraten und ihn zum Trinken einluden. Sie machten ihn schließlich so betrunken, daß er nicht mehr wußte, was mit ihm geschah. Als er wieder zu sich kam, war er bereits in Potsdam und steckte in der Montur eines preußischen Reiters. Man sagte ihm, er habe Handgeld genommen. Aufkündigen konnte er die angebliche Anwerbung nicht, und auf Desertion stand die Todesstrafe. Der junge Bursche war todunglücklich. Er sehnte sich nach einem menschenwürdigen Leben und beschloß, trotz aller Gefahren, die Flucht zu wagen. Er gab sich unter den Kameraden wortkarg und verschlossen und sprach zu

keinem Menschen von seiner Absicht. Sein Reitpferd, ein schöner Schimmel, den er sehr liebte, gut pflegte, und dem er nachts im Stall von seinem Kummer erzählte, war in dieser Zeit sein einziger Freund. Eines Nachts schließlich versuchte er sein Glück. Er schlich durch die Straßen von Potsdam; unbemerkt von den Wachen auf dem Wall hatte er schon beinahe die Havel durchschwommen, als er plötzlich hinter sich ein lautes Plätschern und Schnauben hörte. Der treue Schimmel hatte sich losgerissen und folgte ihm. Nun wurden die Wachposten aufmerksam. Zu allem Unglück riß die Wolkendecke auf, der Mond schien hell, und der Bursche und sein weißes Pferd wurden entdeckt und von den Wachen erschossen.
Seitdem trabt in mondhellen Nächten ein kopfloser Schimmel an den Ufern der Havel hin und her.

Die gewaltsame Aushebung von Rekruten ist eines der traurigsten Kapitel in der Geschichte Preußens. Kein Bursche, der groß und gut gewachsen, war sicher vor den Werbern des Königs. In jenen Zeiten bedeutete es für Eltern ein Unglück, wenn sich ihre Söhne gut entwickelten. Daß der König möglichst lange Soldaten haben wollte, war keine bloße Marotte von ihm. Lange Arme ermöglichten ein schnelleres und leichteres Laden der Gewehre, der Vorderlader, wie man sie nannte. Kugeln und Patronen mußten nämlich in die Mündung gesteckt und dann mit dem Ladestock bis an das Ende des Laufes gestoßen werden. Ein langer Lauf erhöhte die Treffsicherheit des Gewehres.
Nicht nur Preußen hatte unter diesen Zwangsrekrutierungen zu leiden, der König schickte seine Werber in alle Länder Europas. Der Men-

schenraub wurde gut vorbereitet. Zuerst kamen als Bettler oder Musikanten verkleidete Spione in ein Dorf, um die großgewachsenen jungen Männer ausfindig zu machen. Dann erst traten die eigentlichen Werber in Aktion. Die Gebäude wurden umstellt, die Ausgänge gesperrt, die überrumpelten Opfer geknebelt und weggeführt, während man die übrigen Bewohner mit dem Gewehr in Schach hielt. Vorher hatte man vorsorglich die Seile der Kirchenglocken durchschnitten, um ein Sturmläuten zu verhindern. Beschwerden beim König nutzten gar nichts. Er wies sie alle ab. Die Untertanen sollten nicht «räsonieren», sondern «ordre parieren», gehorchen.

Daß keiner der jungen Leute freiwillig Soldat werden wollte, kann jeder verstehen, der weiß, wie man damals die Rekruten behandelte. Für die geringsten Nachlässigkeiten oder Vergehen wurde die Prügelstrafe verhängt, oft auch ohne besonderen Anlaß geprügelt. Für Verstöße gegen die Dienstordnung mußte der Übeltäter Gassenlaufen. Seine Kameraden mußten sich in zwei Reihen aufstellen und auf den Verurteilten einschlagen.

Hinter ihnen standen Offiziere, die aufpaßten, daß auch jeder tüchtig zuhieb. Wer das nicht tat, mußte selber Spießrutenlaufen. Wenn ein Soldat verurteilt wurde, mehrmals die Gasse zu passieren, kam das einem Todesurteil gleich. Bürger, die einem Deserteur bei der Flucht halfen, wurden gehängt.

Daniel Chodowiecki, ein berühmter Kupferstecher, der zu dieser Zeit in Berlin lebte, hat die grausamen Militärstrafen — es gab noch zahlreiche andere — im Bild festgehalten.

So ging es bei der preußischen Armee zu. Im zivilen Bereich war man nicht minder unmenschlich und mit ungerechten vorschnellen Urteilen bei der Hand.

Das Galgenhaus

Im Hause des Ministers von Happe wurde ein silbener Löffel vermißt. Ein junges Dienstmädchen, zu dessen Pflichten es gehörte, den Tisch zu decken und Besteck und Geschirr abzuwaschen, kam in den Verdacht, ihn gestohlen zu haben. Da niemand sonst mit dem Besteck zu tun gehabt hatte, und der Löffel, auf den der Minister großen Wert legte, sich nicht wieder anfand, wurde das Mädchen des Diebstahls beschuldigt und zum Tode durch Erhängen verurteilt. Der Minister bat noch, man

möge den Galgen zur Abschreckung vor seinem Hause errichten, damit nicht noch andere Bedienstete auf die Idee kämen, zu stehlen. Und so geschah es. Obwohl das arme Mädchen seine Unschuld beschwor, wurde es gehängt.
Kurze Zeit nach der Urteilsvollstreckung fand man den Löffel im Stall. Eine Elster mochte ihn dorthin verschleppt haben. Von diesem Tage an umlagerte eine Schar von Nachbarn und Neugierigen das Haus. Man hatte bemerkt, daß das Loch, in das der Galgenpfahl eingerammt worden war, sich nicht zuschütten ließ. Der Minister befahl, die Stelle zu pflastern, aber jeden Morgen klaffte das Loch von neuem. Das Haus kam so sehr in Verruf — man nannte es nur noch das «Galgenhaus» —, daß es dem Minister dort nicht mehr gefiel. Er verkaufte es und zog woanders hin.

Im Jahre 1755 war eine Verordnung des Königs bekanntgegeben worden, Hausdiebereien betreffend. Sie besagte, daß jedermann, ob Mann oder Frau, der einen Gegenstand im Werte von über drei Talern gestohlen habe, gehängt werden solle, und zwar vor der Haustür des Bestohlenen. Diesen Fakt hat uns die Sage korrekt überliefert. In der Nacht wurde der Galgen errichtet, der Dieb im Morgengrauen gehängt und nach Sonnenuntergang zum Galgenberg vor den Toren der Stadt geschafft. Friedrich Wilhelm I. erhoffte sich durch den Abschreckungseffekt eine Abnahme der Hausdiebstähle. Tatsächlich wurden nicht mehr so viele zur Anzeige gebracht wie bisher. Schließlich war es für keinen Hausbesitzer angenehm, den Galgen mit einem Erhängten vor der

Haustür zu haben. Die Betroffenen versuchten lieber auf eigene Faust, wieder zu ihrem Eigentum zu gelangen. Auch der Minister von Happe hatte nicht um den Galgen vor seiner Tür gebeten, hier kam nur die neue Strafordnung zum ersten Mal zur Anwendung. Und der Dieb war in seinem Fall kein Küchenmädchen, sondern ein Lakai, der dem Herrn von Happe eine nicht unbeträchtliche Summe gestohlen hatte.
Wenige Wochen später fand in der Brüderstraße die zweite Hinrichtung dieser Art statt. Ein Geheimrat von Truzettel hatte seine junge Magd wegen des Diebstahls von drei Talern und zwölf Groschen an den Galgen geliefert. Das Volk von Berlin hat diese beiden Geschehnisse zu einer Sage zusammengezogen. Übrigens steht das Galgenhaus noch heute in der Brüderstraße.

Friedrich Wilhelm I. kannte keine Gnade. Alle Kriminalangelegenheiten mußten ihm zur Unterschrift vorgelegt werden. Er verfuhr mit einer grenzenlosen Willkür. Meist verschärfte er die Urteile, die ihm alle zu milde erschienen. Einen zehnjährigen Jungen, der etwas zu essen gestohlen hatte, ließ er hinrichten. Nur wenn es um seine geliebten Langen Kerls ging, dann reagierte er anders.
In Berlin war ein Einbruch verübt worden und den Dieben die hübsche Summe von sechstausend Talern in die Hände gefallen. Die Untersuchung ergab, daß ein Musketier vom Dönhoffschen Regiment an dem Einbruch beteiligt war. Er wurde wie seine Kumpane zum Tode verurteilt. Der General von Dönhoff hatte kaum etwas davon erfahren, als er auch schon beim König vorstellig wurde und sich beklagte, daß einer seiner längsten Flügelmänner gehängt werden sollte. Friedrich Wilhelm, außer sich vor Wut, ließ sofort — es war früh am Morgen — den Direktor und die Räte des Kriminalkollegiums zu sich rufen. Es dauerte eine Weile, bis diese den Schlafrock abgelegt und sich in die Hofkleider geworfen hatten. Der König wartete, den Stock in der Hand. Mit scheinbarer Ruhe erklärte er ihnen, warum er sie habe rufen lassen. Er wolle die Urteilsbegründung hören. Als einer der Richter die Entscheidung des Gerichtes rechtfertigte, sprang der König auf ihn zu und prügelte blindlings auf ihn und die anderen vor ihm Stehenden ein. Einem der Räte schlug er ein paar Zähne aus, den andern lief das Blut über den Kopf. Sie flüchteten und konnten sich nur mit Mühe vor weiteren Mißhandlungen retten. Friedrich Wilhelm rannte ihnen, den Stock schwingend, bis zur Treppe nach. Natürlich wurde der Richterspruch an dem langen Musketier nicht vollstreckt. Man begnadigte ihn, und er konnte weiter in seinem Regiment Dienst tun.

Bei dieser Einstellung des Soldatenkönigs zur Rechtspflege ist es erstaunlich, daß er einen wegen seiner Lauterkeit bekannten Rechtsgelehrten ins Land rief, Samuel Cocceji. Er war bürgerlicher Herkunft und stammte aus Heidelberg. 1723 wurde er Kammergerichtspräsident in Berlin und 1738 Chef der Justiz für alle preußischen Provinzen. Cocceji hatte die glänzendste Stellung, die jemals ein Jurist bis dahin in Deutschland erreicht hatte. Er wurde geadelt und erhielt den Schwarzen Adlerorden, die höchste Auszeichnung des preußischen Hofes. Unter der Regierung Friedrichs II. konnte er Reformen des Strafverfahrens durchführen.

Kurz nach seinem Regierungsantritt 1740 hatte der neue König bestimmt, daß Prozesse nicht über ein Jahr hingeschleppt werden dürften. Die Anwendung der Folter in Kriminaluntersuchungen wurde eingeschränkt und nur noch bei Landesverrat, Majestätsbeleidigung und den sogenannten großen Mordtaten gestattet. Am 4. August 1754 wurde in Preußen die Tortur auch in den genannten Fällen verboten. Veranlassung dazu gab ein Berliner Kriminalfall.

Der Henkersknoten

Im Stelzenkrug am Wollmarkt, dem späteren Alexanderplatz, wohnte eine wohlhabende Witwe. Eines Morgens, als sich in ihrer Wohnung nichts rührte, schauten die Nachbarn nach und fanden die alte Frau erdrosselt im Bett liegen. Da Schränke und Schubladen durchwühlt, Geld und Wertsachen verschwunden waren, lag die Vermutung nahe, daß hier ein Raubmord geschehen war. In Verdacht geriet der Sohn der Toten, ein leichtfertiger junger Mann, der nur zu seiner Mutter kam, wenn er Geld brauchte. Zeugen hatten gesehen, daß er am Nachmittag des vorhergehenden Tages die Mutter besucht hatte und in Zank und Zorn fortgegangen war. Man nahm an, daß sie sich geweigert habe, ihm wieder Geld zu geben, und daß er sich das Geforderte des Nachts gewaltsam geholt habe. Er wurde verhaftet und, da er die Tat leugnete, gefoltert. Auf der Folter gestand er alles, und so wurde er verurteilt, mit dem Strick erhängt zu werden, mit dem er seine Mutter erdrosselt hätte.

Der Tag der Hinrichtung kam heran. Der Verurteilte stand schon oben auf dem Gerüst, und dem Henker wurde der Strick übergeben. Der sah sich die Schlinge genau an und rief: «Diesen Knoten kann nur ein

Henker oder Henkersknecht gemacht haben!» Einer seiner Knechte erblaßte und versuchte, vom Gerüst zu springen. Der Scharfrichter war schneller und hielt ihn fest. «Hier habt ihr den Schuldigen!», sagte er. Der Henkersknecht war in die Knie gesunken und gestand die Tat. Er habe von dem Streit zwischen Mutter und Sohn gewußt und in der Nacht die alte Frau erdrosselt und beraubt, in der Hoffnung, der Verdacht werde auf den Sohn und niemals auf ihn fallen. Doch der Henkersknoten hatte ihn verraten. So wurde der Unschuldige freigelassen und der Henkersknecht seiner verdienten Strafe zugeführt.

In Wirklichkeit ging es nicht so dramatisch zu. Eigentlich handelte es sich bei dem Mord an der Witwe Erna Krüger aus dem Stelzenkrug nach der damaligen Rechtsauffassung um einen kleinen Kriminalfall. Die Anwendung der Folter an dem jungen Studenten Clemens Reichert, der bei ihr wohnte und in Verdacht geraten war, hätte gar nicht stattfinden dürfen. Aber seit einiger Zeit hatte es eine Reihe ähnlicher Verbrechen in Berlin gegeben, die Bevölkerung war unruhig geworden, und man wollte ihr den gesuchten Verbrecher präsentieren. Deshalb wurde der arme Bursche gefoltert. Er hielt dem ersten Grad nicht stand und legte ein umfassendes «Geständnis» ab, das auch die bisher nicht aufgeklärten Mordtaten mit einschloß.

In der Gegend um den Wollmarkt empörte man sich. Der junge Reichert war sehr beliebt. Da er Jura studierte, beantwortete er kostenlos

Rechtsfragen, die an ihn herangetragen wurden, und gab gute Ratschläge. Niemand traute ihm eine so schreckliche Tat zu. Erst murrte man leise, dann formierte sich eine Delegation der Bürger und begab sich mit der Bitte zu Cocceji, das Urteil zu überprüfen. Cocceji nahm sich die Akten vor. Ihm fiel auf, daß der Scharfrichter von Berlin, der bei der amtlichen Besichtigung der Leiche anwesend sein mußte, erklärt hatte, Selbstmord sei ausgeschlossen, da der Knoten des Hanfseils ein kunstgerechter sei, den ein Laie nicht zu knüpfen verstünde.
Bei einer Unterredung mit dem Minister erläuterte der Henker seine Feststellung. Solchen Knoten wisse nur ein Scharfrichter oder sein Gehilfe zu knüpfen. Durch ihn werde beim Erhängen der Tod beschleunigt, und der Delinquent habe nicht lange zu leiden.
Nun wurden die Nachforschungen in eine andere Richtung geleitet. Bald hatte man festgestellt, daß die Ermordete zwei Brüder in Spandau hatte, die dort ihr Brot als Henkersknechte verdienten. Sie waren in der fraglichen Nacht in Berlin gesehen worden. Sie wurden verhaftet, aber auch sie leugneten hartnäckig. Es blieb nichts anderes übrig, als doch wieder die Folter anzuwenden, wollte man ein Geständnis haben. Die beiden gestanden und wurden hingerichtet. Ob sie nun wirklich die Mörder waren, bleibt ungeklärt. Der Student Reichert kam frei, und seinen Fall nahm Cocceji zum Anlaß, die vollständige Abschaffung der Folter beim König durchzusetzen.

Das Haus mit den neunundneunzig Schafsköpfen

Friedrich II. ließ einem Bürger, der sich um ihn verdient gemacht hatte, am Wollmarkt ein stattliches Haus bauen. Trotz dieses großartigen Geschenks des sonst recht geizigen Königs war der Besitzer doch nicht zufrieden. Zwar überragte das Gebäude alle anderen Häuser in der Umgebung, aber es hatte keinen Fassadenschmuck. Der Mann schrieb an den König, er möge doch so gnädig sein und einigen Zierat an der Außenmauer anbringen lassen. Friedrich II. entsprach dem Gesuch. Bald erschienen Handwerker, Gerüste wurden aufgestellt und Verzierungen angebracht. Es waren neunundneunzig Schafsköpfe! Dazu schrieb der König einen Brief an den Hauseigentümer:
«So Ihm die neunundneunzig Schafsköpfe nicht genug sind, dann stecke er seinen Kopf zum Fenster heraus, dann ist das Hundert voll.»

Das Haus mit den neunundneunzig Schafsköpfen wurde Mitte des 18. Jahrhunderts wahrscheinlich von einem reichen Viehhändler erbaut, der als Zeichen seiner Profession den Sims des Hauses mit Widderköpfen verzieren ließ. Nachdem der Wollmarkt oder Ochsenplatz 1805 in Alexanderplatz umbenannt worden war, und auch die anderen Häuser ringsum städtischen Charakter angenommen hatten, übernahm ein Gastwirt das Gebäude. Es wurde das bekannte Gasthaus «Zum Hirschen» mit einem vergoldeten Hirsch im Giebelfeld. So mit Hirsch und Widderköpfen verziert, stand es unverändert im Wandel der Zeiten. Es sah die Kosaken, die 1813 die Franzosen aus Berlin verjagten, über den Alexanderplatz reiten und spielte in der achtundvierziger Revolution eine Rolle, denn es bot mit seinen zahlreichen Hinter-, Neben- und Kellereingängen den Barrikadenkämpfern die Möglichkeit zur Flucht vor den Verfolgern. Es überstand auch den Terror der Noske-Truppen, die in den Februarkämpfen 1919 mit dem Einsatz modernster Waffen — selbst Flugzeuge wurden eingesetzt — auf dem «Alex» gegen das revolutionäre Proletariat vorgingen. Das schöne alte Gebäude wurde 1927 im Zuge der Umgestaltung des Alexanderplatzes abgerissen. Nur einige der Widderköpfe sind noch im Märkischen Museum zu sehen.

Zur Zeit Friedrichs II. veränderte Berlin erneut sein Gesicht. Es wurden wieder repräsentative Gebäude errichtet; die Straße Unter den Linden erhielt durch Opernhaus, Bibliothek, Prinz-Heinrich-Palais und St.- Hedwigs-Kirche ihr charakteristisches Gepräge.

Das Lustschloß Monbijou war ein bevorzugter Aufenthalt der Königin Sophie Dorothea, der Mutter Friedrichs II. Lange Zeit lag es einsam und abgelegen am Ufer der Spree zwischen Wiesen und Feldern. Friedrich beauftragte den Kommandanten Berlins, den General von Haake, mit der Erschließung des Terrains. Straßen und Plätze wurden angelegt, und die Spandauer Vorstadt entstand mit einem Markt, der zu Ehren des Kommandanten Hackescher Markt genannt wurde. Der Volksmund wußte darüber eine andere Vorgeschichte zu erzählen.

Der Schweinereitermarkt

Der General von Haake ging gern und oft auf die Jagd vor den Toren Berlins. Wie er eines Tages auf der Heide vor dem Spandauer Tor auf Wildschweinjagd war, stürmte ein verwundeter Keiler auf ihn zu und rannte ihm zwischen die Beine, ehe er ihm den Fangstoß geben konnte. Dem Herrn General blieb nichts anderes übrig, als sich an den Borsten festzuklammern. Sein seltsames Reittier raste auf das Spandauer Tor zu. Dort erlegte die Wache das Wildschwein und beendete so den unfreiwilligen Schweineritt des Herrn von Haake. Als Friedrich II. von der Geschichte erfuhr, befahl er dem Kommandanten, sich um den Aufbau der Spandauer Vorstadt zu kümmern. Er sei der geeignete Mann dafür, weil er ja die

Gegend dort besonders gut kenne. Der Hackesche Markt, der nach einer Abwandlung des Namens nach ihm benannt wurde, hieß lange Zeit im Volksmund nur «Der Schweinereitermarkt».

Keines der alten Häuser aus dieser Zeit steht mehr am Hackeschen Markt. Das Spandauer Tor ist verschwunden, der Festungsgraben wurde zugeschüttet. Aber noch heute gibt es eine Straße, die An der Spandauer Brücke heißt, obwohl weit und breit keine Brücke mehr zu sehen ist.

Die Zeit der Sagenbildung geht langsam dem Ende zu. Eigentlich sind es gar keine richtigen Sagen mehr, die jetzt — um 1800 — entstehen, sondern man erzählt sich Spukgeschichten, um den Zuhörern ein bißchen Angst einzujagen, wenn sie an einem bestimmten Haus oder Platz vorüber müssen. Angeblich spukte es an dem so unheimlich wirkenden Armenfriedhof am Koppenplatz und seltsamerweise auch in Tegel.

Die Poltergeister im Tegeler Schlößchen

Im Humboldt-Schlößchen zu Tegel hatten sich Poltergeister eingenistet. Sie rumorten in der Nacht und sogar am Tage. Man hörte es wie mit Peitschen in den Stuben knallen, und vorübergehende Leute wurden mit glühenden Steinen beworfen, die, wie manche meinten, direkt aus der Hölle kamen. Die Geister hatten unterschiedliches Aussehen. Mal erschien ein großer Geist, mal ein kleiner, mal war er schwarz, mal weiß. Meist zeigte sich nur einer, manchmal traten die Geister aber auch zu zweit und zu dritt auf. Das ging so eine ganze Weile. Plötzlich war der Spuk zu Ende. Man wußte nicht warum. Alles war wieder ruhig, und kein Geist wurde mehr gesehen.

Die Geschichten über die Tegeler Poltergeister entstanden nach 1790. Das Schlößchen, das die Brüder Alexander und Wilhelm von Humboldt von ihrer Mutter geerbt hatten, stand leer. Erst 1819 nahm Wilhelm von Humboldt dort seinen Wohnsitz, als er, enttäuscht von dem reaktionären Kurs der preußischen Regierung, seinen Abschied aus dem Staatsdienst eingereicht hatte. Zwar besaß er noch eine Stadtwohnung in der Behrenstraße, aber Berlin war für ihn «eine intellektuelle, verödete, kleine, unliterarische und dabei überhämische Stadt».

Daß diese Spukgeschichten gerade in dem Berlin der Aufklärer kursierten, scheint ein Kuriosum. Aber Geistersehen war damals große Mode. Der «Dicke Wilhelm», Friedrich Wilhelm II., ließ sich im «Gespensterpavillon» im Schloßpark Charlottenburg von seinen Günstlingen Bischoffswerder und Wöllner etwas vorgaukeln. Da erschienen in viel Dampf gehüllt, durch eine Laterna magica an die Wand geworfen, bedeutende Männer des Geisteslebens oder die erlauchten Vorfahren des Königs und erteilten ihm Verhaltensmaßregeln.

Merkwürdiger als alle Scharlatanerien war, daß der bekannte Verleger, Buchhändler und Schriftsteller Christoph Friedrich Nicolai, dieser stocknüchterne Mann, von Erscheinungen heimgesucht wurde. Pedantisch und korrekt, wie er sein Lebtag war, hat er geschildert, wie ihn zwei Monate lang während einer Erkrankung Geister heimsuchten. Sie verschwanden erst, nachdem er sich Blutegel an den After hatte setzen lassen. Das Gelächter — nicht nur der literarischen Welt — kann man sich vorstellen.

So sind die Tegeler Poltergeister in die Literatur eingegangen. Allerdings nur indirekt durch Nicolai. Wer hat sein Traktat «Beispiel einer Erscheinung mehrerer Phantasmen», das im Mai 1799 in der «Neuen Berlinischen Monatsschrift» abgedruckt wurde, heute schon gelesen? Aber Goethe ließ Nicolai im Faust als Proktophantasmist (Steißgeisterseher) durch die Walpurgisnacht irren und klagen:

«Das Teufelspack, es fragt nach keiner Regel.
Wir sind so klug, und dennoch spukt's in Tegel!»

Es spukte nicht nur in Tegel. Die Weiße Frau im Berliner Schloß hatte ihr Erscheinen keineswegs eingestellt. Immer mal wieder liefen Gerüchte durch Berlin, sie sei gesehen worden. Während der Zeit der französischen Besetzung 1806-1813 bekam sie einen Rivalen, der ihr aber in keiner Beziehung den Rang streitig machen konnte. Der Sage nach soll er auch nur ein einziges Mal erschienen sein.

Der Hase im Schloßkeller

Als die alte Bürgerwehr noch bestand, hielt eines Nachts ein Gardist im Schloßkeller Wache. Er hörte gerade, wie die Uhr am Dom zwölf schlug, als am Ende des Ganges ein gewaltiges Rasseln ertönte und ein dreibeiniger Hase mit feurigen Augen dahergesprungen kam. Den Lärm machte er mit einem Schlüsselbund, das er in der Pfote trug. Vor dem Gardisten hielt er an, zog einen Schlüssel hervor und schloß damit die Tür zum Weinkeller auf. Ehe sich der Mann von seinem Schrecken erholt hatte und mit dem Säbel nach dem unheimlichen Tier hauen konnte, flog ihm die Tür vor der Nase zu. Der Hase kam nie wieder zum Vorschein.

Da die Sinnestäuschung ausgerechnet in der Nähe des Weinkellers stattgefunden hatte, kam schon damals der Verdacht auf, der Gardist könne vielleicht auch ohne dreibeinigen Hasen den Zugang zur Tür gefunden haben.

Am 25. Oktober 1806 hatten französische Truppen Berlin besetzt. Zwei Tage später zog Napoleon in die preußische Hauptstadt ein. Bald nach seinem Einzug gab er der Stadt durch das gewählte «Comité administrativ» eine Art Selbstverwaltung wieder. Auf seine Anordnung hin wurde eine Bürgergarde ins Leben gerufen. Sie war zweitausend Mann stark, hatte den Auftrag, Ruhe und Ordnung aufrechtzuerhalten, und sogar das Recht, französische Soldaten zu verhaften, wenn sie sich ungebührlich aufgeführt hatten. Junge Leute aus den besten Familien drängten sich zur Bürgergarde und paradierten in den prächtigsten Uniformen aus blaurotem und hellgrünem Tuch.
Varnhagen von Ense hatte diese Zeit in Berlin miterlebt und in den «Denkwürdigkeiten des eigenen Lebens» beschrieben. Er schilderte die geteilten Gefühle der Bevölkerung, welche sie den Franzosen entgegenbrachten. Die Begeisterung, mit der sie früher in den von ihnen eroberten

Gebieten begrüßt worden waren, die gab es nicht mehr. Gerade dort, wo man sich den Ideen der Französischen Revolution verbunden fühlte, betrachtete man Napoleon als ihren Mörder. Und doch freuten sich die meisten Berliner über die Niederlage der anmaßenden Junker. Auch atmeten die Bürger auf, weil da keine racheschnaubenden Plünderer gekommen waren, sondern wohlgeordnete, muntere Soldaten, die man durch Französischreden für sich einnehmen konnte. Die Sympathien nahmen erst ab, als die Bedrückung durch die Fremdherrschaft deutlich spürbar wurde, Handel und Wandel erlahmten und zahlreiche bisher gutgestellte Familien verarmten.

Die Zeit, in der sich Sagen bilden konnten, war nun vorüber. Immer mehr arme Leute lernten lesen und schreiben. In Berlin entstanden Fabriken, Industrien und das Proletariat, das andere Formen der Geschichtsüberlieferung und des sozialen Protestes entwickelte. Die Sagen Berlins sollten nicht in Vergessenheit geraten. Sie erzählen vom Alltag des Volkes, von seinem Leben, von den Nöten und Sorgen und den spärlichen Freuden. Sie lassen uns die Baudenkmäler, die aus Berlins Vergangenheit erhalten geblieben sind, mit anderen Augen betrachten. Wenn wir durch die alten Straßen oder über die alten Plätze gehen, dann werden wir uns an die Schicksale der Menschen aus früheren Zeiten erinnern. Die Sagen vermitteln Verständnis für die alten Zeiten, die für den «kleinen Mann» niemals gute Zeiten waren.

Inhaltsverzeichnis

Literaturhinweise

Autorenkollektiv unter Leitung von R. Bauer und E. Hühns, Berlin — 800 Jahre Geschichte in Wort und Bild, Berlin 1980
Autorenkollektiv, Deutsche Geschichte Band 1-4, Berlin 1986
Autorenkollektiv, Deutsche Volksdichtung, Leipzig 1987
Autorenkollektiv, Illustrierte Geschichte der deutschen frühbürgerlichen Revolution, Berlin 1974
Autorenkollektiv, Klassenkampf, Tradition, Sozialismus, Berlin 1974
L. Bechstein, Deutsche Sagen und Märchen, Berlin 1978
J. Beckmann, Beschreibung der Mark Brandenburg, Berlin 1751
A. Burkhardt, Märkische Sagen und Märchen, Berlin 1960
A. Cosmar, Sagen und Miscellen aus Berlins Vorzeit, Berlin 1831
C. von Eynetten, Brandenburger Sagen, Leipzig 1893
E. Grau, Berliner Sagen und Geschichten, Berlin 1954
Th. Gräße, Sagenbuch des preußischen Staates, Glogau 1867
G. Griepentrog, Historische Volkssagen aus dem 13. bis 19. Jahrhundert, Berlin 1975
W. und J. Grimm, Deutsche Sagen, Berlin 1983
G. Holmsten, Brandenburg — Geschichte der Mark, ihrer Städte und Regenten, Berlin (West)
A. Kuhn, Märkische Sagen und Märchen, Berlin 1937
P. Kunzendorf, Sagen der Provinz Brandenburg
Lehrerverband der Altmark, Altmärkischer Sagenschatz, Leipzig/Berlin 1908
H. Lohre, Märkische Sagen, Leipzig 1921
O. Monke, Berliner Sagen und Erinnerungen, Leipzig 1911
A. von Müller, Edelmann, Bürger, Bauer, Bettelmann, Berlin im Mittelalter, Frankfurt/Main, Berlin (West), Wien 1981
F. Nicolai, Beschreibung der königlichen Residenzstädte Berlin und Potsdam..., Berlin 1779
J. Schmidt, Denk- und Merkwürdigkeiten, Berlin 1728
W. Schwartz, Sagen und alte Geschichten der Mark Brandenburg, Stuttgart/Berlin 1914
A. Streckfuß, 500 Jahre Berliner Geschichte, Berlin 1900
J. Streisand, Deutsche Geschichte in einem Band, Berlin 1980
W. Volk, Berlin — Historische Straßen und Plätze heute, Berlin
R. Werner, Berliner Sagenbuch, Berlin
W. Woeller, Volkssagen zwischen Hiddensee und Wartburg, Berlin 1980
Berlinisch, Geschichtliche Einführung in die Sprache einer Stadt, hrsg. von J. Schildt und H. Schmidt, Berlin 1986
Geschichte der deutschen Volksdichtung, hrsg. von H. Strobach, Berlin 1981
Ritter, Bürger und Scholaren. Aus Stadtchroniken und Autobiographien des 13. bis 16. Jahrhunderts, hrsg. von H. J. Gernentz, Berlin 1980